Conserver la couverture

5536

LA CONFESSION,

PAR L'AUTEUR

DE

L'ANE MORT ET LA FEMME GUILLOTINÉE:

Man delights not me, nor woman neither.
HAMLET.

L'homme ne me ravit pas, ni la femme non plus.

TOME DEUXIÈME.

PARIS.

ALEXANDRE MESNIER, LIBRAIRE,

PLACE DE LA BOURSE.

1830

LA CONFESSION

V2

IMPRIMERIE DE E. DUVERGER,
RUE DE VERNEUIL, N° 4.

LA CONFESSION,

PAR L'AUTEUR

DE

L'ANE MORT ET LA FEMME GUILLOTINÉE.

Man delights not me, nor woman neither.
HAMLET.

L'homme ne me ravit pas, ni la femme non plus.

TOME SECOND.

PARIS.

ALEXANDRE MESNIER, LIBRAIRE,

PLACE DE LA BOURSE.

1830

LA CONFESSION.

—————

CHAPITRE XXIV.

> Il est bigot de vertu, non de reli-
> gion, et amoureux de ce *mot*
> *vide*, comme Brutus l'a défini.

Quand une fois l'homme est arrivé à jouer un jeu de hasard, et
qu'il veut voir à tout prix, vie ou
fortune, si les dés sont pipés, tenez-vous pour assurés qu'il fera
bien du chemin en peu de temps.

Ainsi était Anatole. Trompé une seconde fois dans son espoir, il résolut d'en finir avec le doute, de parcourir toute l'échelle sacerdotale depuis le cardinal romain vêtu de pourpre, prince chrétien et philosophe profane, jusqu'au simple curé de village, humble et pauvre, qui se cache et qui vit modeste et retiré, aussi utile souvent qu'une sœur de charité.

Il fut facile à Anatole de s'introduire chez le cardinal Amalfi, savant antiquaire élevé aux ruines de Pompéi, fort versé dans les manuscrits du Vatican ; artiste italien, mais riche artiste, avide de tableaux et de sculptures, qui de tous les crimes des hommes ne conce-

vait que les dévastations de Verrès,
et qui eût donné toute l'histoire
romaine pour la prise de Corin-
the. Rien n'était animé comme cet
aimable vieillard quand il parlait
des arts qui lui étaient si chers :
poëmes, tableaux, musique, impro-
visations de la langue toscane,
molles rêveries sur les bords de l'Ar-
no. Il y avait du prince, de l'artiste et du prêtre dans cet homme :
la bonne façon du prince, l'enthousiasme de l'artiste, la retenue
un peu féminine du prêtre, et cet
aimable abandon de poète et de
savant toujours sûr des suffrages
quoi qu'il arrive, parce que s'il arrive qu'il se trompe, il est toujours cardinal au pis aller.

Anatole chez le cardinal n'entendit parler que de chefs-d'œuvre des écoles vénitienne et florentine, des vierges que Raphaël a jetées avec tant de profusion dans le monde. Justement il y avait dans la chambre de monseigneur une copie toscane de la *madona della sedia* : « Voyez, monsieur, disait-il à Anatole, quelle belle femme! comme cette tête est italienne! voyez ce jeune enfant qu'elle berce sur son beau sein, et ce petit Jean-Baptiste qui adore. Et dans ce tableau, quel calme! quelle vie! quelles belles mains! Comment ne pas aimer une religion qui a fait ces chefs-d'œuvre? comment ne pas être de la croyance de Raphaël?

Et à côté de cette vive couleur regardez ce Rembrandt, je vous prie : la famille de Tobie se prosterne, l'ange s'envole; toute cette touchante histoire de l'Ancien-Testament est reproduite sur cette toile! » Et le prélat, se livrant ainsi à ces douces récréations de chrétien et de connaisseur, confondait dans sa pensée le Dieu et l'artiste; il colorait sa croyance avec le pinceau de Raphaël et de Rubens.

On vint lui dire qu'un de ses gens était au lit de mort : « Ah! mon Dieu! s'écria-t-il, qu'on cherche de suite un prêtre, faites venir mon chapelain; il ne faut pas que ce malheureux meure sans pardon. »

CHAPITRE XXV.

Çà et là.

M. Beausée.

Mais le bon Dieu ne veut pas,
Je me nomme Nicolas,

Vieille chanson.

Ce fut la première fois qu'Anatole put comprendre combien il y avait peu de prêtres dans le monde; à la cour du saint pontife moins que partout ailleurs, peut-être parce qu'à Rome c'est la manière la plus vulgaire et le plus simple d'avoir une position sociale et un état.

Il eût beau chercher partout avec
soin, avec zèle, partout un prêtre
qui voulût ou qui pût l'entendre, il
trouva partout la même préoccupa-
tion qui jetait au-delà du monde
réel tous les membres du clergé,
ceux-mêmes qui avaient l'air le plus
dévoués à leur cause.

Les uns s'appliquaient à l'élo-
quence chrétienne : la chaire était
leur domaine, leur langage était
sonore et cadencé; ils charmaient
la ville et la cour, ils convertissaient
des régimens entiers; mais là s'arrêtait toute leur mission : c'étaient
des orateurs, et rien de plus.

D'autres, en petit nombre, s'é-
taient appliqués aux études profa-
nes; ils savaient par cœur Quintilien

et le *Traité du sublime*; ils enseignaient les belles-lettres, et conduisaient leurs élèves jusqu'à la borne littéraire où finit le discours latin, où le vers français commence. Ceux-là étaient d'estimables humanistes, rien de plus.

Quelques-uns étaient habiles à toutes sortes de jeux, depuis l'innocent loto jusqu'aux échecs; depuis le billard jusqu'au bruyant tric-trac; ils savaient le fort et le faible de tous les jeux divers, ils en avaient étudié toutes les combinaisons; par-là ils étaient devenus indispensables au bien-être de leurs paroissiennes et de leurs voisins de campagne. C'étaient d'innocens joueurs, et rien de plus.

Il y en avait qui entreprenaient la bienfaisance, qui parcouraient les prisons, soulageaient les malades, parlaient des pauvres pendant le rude hiver, relevaient les enfans oubliés sur la neige. C'étaient des philantropes, et rien de plus.

Plusieurs déclamaient hautement contre les vices du siècle, contre la corruption de notre âge; à les entendre la fin du monde était là, la corruption nous étouffait dans ses molles étreintes; ils invoquaient le feu du ciel et le bruit des révolutions; ils se couvraient d'un cilice et se donnaient la discipline en plein jour. C'étaient des fanatiques, et rien de plus.

Il y en avait qui, échappés la

veille du séminaire, se ruaient à travers les danses champêtres, arrêtaient dans son élan la gaîté villageoise, signalaient en pleine église les amours qui précèdent les fiançailles, refusaient un peu de terre consacrée au pâtre mort sans leur assistance. C'étaient des jeunes gens, et rien de plus.

On en voyait à la cour qui avaient pour tout métier de protéger les autres; à la ville, qui vivaient de leur familiarité dans de grandes maisons; chez les libraires de la rue Saint-Jacques, qui cherchaient à vendre des pamphlets et des commentaires; le grand nombre implorait des places de précepteurs et de régens de collége. C'étaient de pauvres diables, et rien de plus.

Cependant Anatole en remarqua quelques-uns dans la foule, d'un immense savoir, d'une vie élégante, travaillant nuit et jour, entourés de respect et d'estime. Surtout il en vit un qui avait passé sa vie dans l'étude des Pères, qui avait remis tout le clergé de France sur la voie de ces vieux chefs-d'œuvre qui ont changé le monde. C'étaient là d'honnêtes gens sans doute, c'était un homme de vie intègre et de vaste savoir; mais il fallait un prêtre à mon héros, et il continuait à le chercher.

CHAPITRE XXVI.

Sans compter que l'herbe du cime-
tière serait pour nous.

Th. Leclerc.

Un jour qu'il était dans les champs,
triste et morose comme il était toujours, il se trouva vis-à-vis un presbytère : une maison blanche et
nouvellement restaurée, une porte
entr'ouverte, une fraîche servante,
un rez-de-chaussée aux lambris de
chêne, un petit jardin, des fleurs,

tout ce qui annonce la prospérité et le bien-être. Anatole entra dans cette maison.

Le curé du village était sorti ; il était allé promener son petit cheval blanc jusqu'au moulin, là-bas au fond du village, vers la rivière qui se cache sous ces longs peupliers : il ne pouvait manquer de revenir bientôt ; Anatole attendit donc.

Mais comme l'oisiveté lui pesait toujours, il s'approcha vers quelques livres qui étaient là. Il en avait déjà ouvert quelques-uns sans trop de suite, quand il découvrit trois gros volumes, reliés en vieille basane, dont le titre le frappa au cœur :

DICTIONNAIRE DES CAS DE CONSCIENCE

Ou décision des plus considérables difficultés
touchant la morale et la discipline ecclé-
siastiques ;

Par messire Jean Pontas, prêtre, docteur en
droit-canon de la faculté de Paris, et sous-
pénitencier de l'Église de Paris.

M. DCC. XXIV.

Il prit le livre, et d'une main tremblante il se mit à le feuilleter. Il y
avait un mot qu'il voulait trouver
dans ce vaste dictionnaire, mais c'é-
tait pour lui une longue et difficile
recherche ; il n'avait pas été plus
embarrassé le jour où, jeune écolier,
il chercha les mots de sa première
version dans son dictionnaire latin.

Figurez-vous tous les mots de la
science théologique réunis, com-
mentés, annotés, appropriés à l'in-

telligence du dernier clerc. Dans
ce livre sont entassés, avec l'achar-
nement d'un religieux du treizième
siècle, tous les doutes, toutes les
erreurs, tous les faits, tous les crimes de la religion romaine. Dans
ce livre tout change de nature et
de forme; telle action est un grand
crime aux yeux du juge qui vous
paraissait innocente à vous-même; tel
crime vous rendait pâle de terreur
pour lequel le casuiste est d'une
rare indulgence. Jamais dans aucun
poème, jamais depuis Homère les
vertus et les vices n'ont joué un rôle
plus divers, jamais ils n'ont pris de
formes plus changeantes que dans
ce livre : c'est une lecture amusante
comme un bon conte raconté sans

bruit par un fou, et raconté pour la première fois.

Tout en cherchant le mot qui l'occupait, Anatole ne pouvait s'empêcher de jeter ses regards de temps à autre sur cette foule de mots qui pour la première fois devenaient pour lui une réalité sérieuse.

Absolution. Tel est le premier mot de cette triste nomenclature. A ce mot qu'il commençait à comprendre confusément, Anatole se sentit frappé d'une curiosité invincible. « Voyons donc ce que c'est que l'absolution, se dit-il, et quel repos je poursuis avec tant de peine et d'ardeur. » En même temps il lisait ces désespérantes définitions :

« L'*absolution* consiste dans ces
« paroles du sacrement de péniten-
« ce : *Ego te absolvo a peccatis tuis*
« *in nomine Patris et Filii et Spi-*
« *ritûs Sancti.* »

« N'est-ce donc que cela » se disait
Anatole. Après quoi il continuait.

PROPOSITION 85.

« Il est probable qu'une attrition
« naturelle suffit, pourvu qu'elle soit
« appuyée sur un motif honnête. »

« Sans nul doute », pensait Anatole.

CENSURE.

« Cette proposition est hérétique, »
reprenait le livre.

PROPOSITION 87.

« Le concile de Trente a défini si
« expressément que l'attrition qui ne

« vivifie pas l'ame et qu'on suppose
« être sans amour de Dieu suffit
« pour l'absolution qu'il prononce
« l'anathème contre ceux qui disent
« le contraire. »

« Le concile de Trente a bien raison », pensait le jeune homme; mais
que devint-il en lisant folio verso ?

CENSURE.

« Cette proposition est fausse, té-
« méraire, contraire au concile de
« Trente, et induit en erreur. »

Anatole s'y perdait de plus en
plus : « O mon Dieu! comment se
fait-il qu'une chose si simple soit
entourée de tant d'entraves?» Il fut
un peu consolé en lisant :

PROPOSITION 88.

On ne doit ni différer ni re-
« fuser l'absolution *à un pénitent*
« qui se trouve dans l'habitude de pé-
« cher contre la loi divine, naturelle
« ou ecclésiastique, quand même il
« ne présenterait aucune espérance
« d'amendemens. »

« Oui, c'est cela, c'est cela, disait
Anatole; l'absolution au pécheur;
l'absolution à la première demande.
Il y a pitié et charité. » Mais il re-
tombait dans son accablement à ces
mots :

CENSURE.

« Cette proposition est erronée et
« conduit à l'impénitence finale. »

« Malheur! malheur à moi! se disait Anatole ; malheur à moi qui

n'ai pas assez d'intelligence pour toutes ces choses! » De désespoir il fermait ce livre fatal.

CHAPITRE XXVII.

Grimoire sans fin.

Le Petit Albert.

Tu crois que tu sais épeler ? pas
du tout ; ton maître d'école t'a
volé.

Mais comme une partie de sa desti-
née était renfermée dans ce livre, il fut
contraint de l'ouvrir par une force
invincible ; la même force qui
nous pousse à marcher sur le bord
d'un abîme, à consulter un sorcier,
à entrer dans une maison de jeu.

Le mot qu'il cherchait lui échappait toujours. A la fin il trouva ce qu'il cherchait; son regard tomba d'aplomb sur le mot *meurtre*, et c'est à peine encore s'il pouvait lire : le mot était écrit sous ses regards, et il ne pouvait pas l'épeler. Cependant il rappela ses esprits égarés, il lut jusqu'au bout ce mot *meurtre* qui lui pesait sur la conscience comme un fardeau; mais encore une fois le dictionnaire était impitoyable. Anatole devait recommencer sa course à travers cette lugubre nomenclature; car la langue des lois n'est pas comme la langue de la pénitence; on lisait dans le dictionnaire :

« *Meurtre*; cherchez *tuer*. »

Et il chercha le mot *tuer*, et il le lut; et dans un grand nombre de crimes il ne trouva pas le crime dont il était coupable; l'imagination du casuiste n'avait pas été jusqu'à trouver cette première nuit des noces, cette sanglante fantaisie; l'écrivain ecclésiastique avait monté, il est vrai, l'échelle du meurtre jusqu'à son dernier échelon; mais arrivée à cet échelon inconnu cette pensée chrétienne si souvent profane et cynique s'était arrêtée; le docteur en droit-canon avait eu peur à l'aspect de ce lit nuptial changé en lit funèbre, à ce cri d'amour qui est un cri de mort, « Je ne trouverai pas mon crime dans ce livre, pensait Anatole; pas un mot qui le regarde comme possible, pas une espérance pour moi;

je suis en dehors de ce livre, en
dehors de la confession de ce prêtre,
qui, après m'avoir entendu, ira feuilleter dans son dictionnaire, et ne
saura que me répondre quand il
verra que mon meurtre n'est pas
prévu! »

Au moment où il sortait du
presbytère, tout en larmes, il rencontra le curé du village qui descendait de son cheval. Anatole
s'arrêta un instant sur le seuil de
la porte; il y avait en effet plaisir
à voir cette bonne et calme figure de curé qui revient au pas
de sa promenade du matin, qui ar-
rête doucement sa monture vis-à-vis
le cep de vigne de sa maison, qui
flatte son coursier de sa grosse

main, et qui se laisse couler jusqu'à terre comme s'il descendait du ciel.

«Ah! monsieur le curé, lui dit Anatole en s'éloignant, que votre *Dictionnaire des cas de conscience* est incomplet. »

CHAPITRE XXVIII.

Passez, passez, toujours.
Musique de M. Auber.

En général quel que soit votre cha-
grin, il est bien rare qu'un sar-
casme improvisé ne vous soulage
quelque peu. L'homme malheureux
est plus fier d'un bon mot qu'il aura
trouvé par hasard qu'il ne serait
fier d'une bonne action; pour
l'homme qui souffre une bonne
action est une nécessité, un mot

spirituel est un contre-sens, un hasard dont il a toujours droit de
s'étonner.

Anatole se sentit donc quelque
peu satisfait en sortant de cette
cure de village; il venait d'échap-
per au *Dictionnaire des cas de
conscience*, au confessionnal du vulgaire, à ce châtiment chrétien si
minutieusement calculé, à ce bon-
homme sacerdotal qui peut-être
était encore debout à sa porte
cherchant à comprendre le sens
de ces paroles: « Ah! monsieur le
curé que votre *Dictionnaire des cas
de conscience* est incomplet! »

« Le pauvre homme, pensait Anatole, s'imagine peut-être qu'il n'a
pas la bonne édition du *Diction-*

naire! » et il eut presque un sourire sur ses lèvres blanches et pâles qui se colorèrent un peu.

En même temps il s'avançait là-bas sous les grands peupliers, et après avoir descendu la colline, il se trouva sur le bord de la rivière où le bac se balançait mollement sous les ondes vertes et transparentes, attendant que l'heure fût venue de porter le dîner aux laboureurs de la rive opposée.

Qui n'a pas vu un bac villageois? Ce large bateau au niveau de l'onde, fixé dans l'air par une corde; ce pont ambulant chargé d'hommes, de bestiaux, de charrues, d'enfans qui jouent : toute la fortune d'un village. C'est un repos

dans le jour; le pont flottant se met
en route aux premiers chants du
coq, il revient le soir à la clarté des
étoiles, le batelier le fixe sur la rive,
et tout est dit : voilà jusqu'à demain
un coin de terre séparé du reste du
monde; la herse est baissée, le pont-
levis s'élève, innocente défense de
cette féodalité champêtre dont un
pâtre est le seigneur.

Pour le moment le vaisseau était
à l'ancre, le gouvernail flottait in-
décis; la batelière se tenait assise
sur le banc de poupe occupée à
voir couler l'eau; la batelière était
grande et robuste, gros bras grossis
par le hâle, rudes mains, noir
visage, blanches dents; et le vieux
chapeau de paille, le mouchoir

rouge, et autour d'elle cette délicieuse odeur de goudron, préférable mille fois à toutes les senteurs dont se couvrent nos petits-maîtres de Paris.

« Mon Dieu! monsieur, dit la batelière, je ne puis guère vous passer à présent, *l'angelus* va sonner dans un quart-d'heure; mon petit Jean qui rame pour son père est allé chercher mon dîner, je suis seule et j'attends le passage de midi.

—Eh bien, ma bonne, dit Anatole, j'attendrai *l'angelus* et votre petit Jean. Vous aimez donc bien votre petit Jean?

—Ah! monsieur, mon pauvre Jean est un homme pour moi. Il n'a pas dix ans et déjà il remplace son père ; ça travaille et ça chante à faire plaisir ; il se réveille le premier le matin, il se couche le dernier après avoir chanté tout le jour ; sans notre Jean, mon mari et moi nous serions morts de faim cet hiver avec les chagrins de l'autre enfant.

—Vous avez un autre enfant, bonne femme, reprit Anatole ; et celui-là qu'a-t-il fait, je vous prie, pour vous donner tant de chagrins ?

—Hélas ! reprit la batelière, c'est une histoire : mon aîné était prêtre, monsieur, il ne l'est plus, et nous ne savons qu'en faire à présent.

—Et comment cela est-il arrivé ?

dit le jeune homme; racontez-moi
cela, je vous prie, bonne femme,
je m'y intéresse au dernier point.

— C'est l'orgueil qui nous a
perdus, monsieur. Vous voyez d'ici
cette petite maison blanche auprès
de la saulée: nous avions hérité de
cette maison et de cinq journaux
de bonne terre, nous aurions été
riches avec cela; mais j'eus l'idée
de faire un curé de mon Am-
broise: j'ai voulu avoir un fils qui
fût salué : à son tour, qui allât dîner
au château, qui dit la messe. Nous
avons vendu cette jolie maison et
ces cinq journaux de terre, pour
faire étudier notre enfant; il lisait dans tous les livres, il était
déjà rasé, il allait être vicaire quel-

que part quand un grand malheur
lui est arrivé, le pauvre enfant!
Car voyez-vous, monsieur, je ne
puis croire qu'il ait été criminel;
il était jeune homme, mais brave
et honnête, il n'avait jamais été
fier avec son père, et il dînait
toujours avec moi quand il venait
en vacances. O maudite robe noire
que tu nous as fait de mal!»

Et la pauvre femme se désolait;
puis elle reprenait son récit, voyant
qu'Anatole l'écoutait toujours.

«L'automne passé, la pêche avait
été bonne; la foire avait fait ga-
gner notre bac, si bien que nous
avions amassé, mon mari, mon
petit Jean et moi, douze petits écus,
bon argent. — Femme, dit un soir

mon pauvre homme, et ce soir-là
le vent soufflait, la rivière gron-
dait et les feuilles jaunies battaient
contre nos vitres; femme, dit-il,
voici douze bons écus qui nous
serviront à passer l'hiver; que fe-
rons-nous de ces douze écus?

Jean ne répondit pas, ni moi non
plus; nous avions déjà employé cet
argent dans notre pensée mon fils
et moi.

Peut-être, reprit notre homme,
voyant qu'on ne lui répondait pas,
peut-être ferions-nous bien d'acheter un porc, à notre voisin Jean-
Pied; le petit porc nous convien-
drait, il est gros et gras et prêt à
tuer; nous le salerons, nous le fu-
merons, et au moins cet hiver nous

aurons quelque joie dans nos repas, et nous n'en serons pas réduit à la misérable nourriture de l'hiver passé ; non pas que je parle pour moi, femme, mais pour toi et pour notre petit Jean qui est dans sa croissance et qui a besoin de manger un peu de viande tous les jours.

Cette dernière raison me fit mal, mon dernier enfant avait tant souffert que je n'avais rien à répondre à son père; mais notre Jean reprit aussitôt.

— Père, n'achète pas le porc de Jean - Pied, je vis fort bien sans manger de viande; tout le monde dit que je suis aussi grand que toi! Je sais bien, si tu voulais, ce que tu devrais faire de nos douze écus.

— Et quoi donc? dit mon homme, quoi donc? si ce n'est de nous mettre un peu à l'aise; de t'acheter une veste neuve, à toi mon enfant qui es presque tout nu, et des sabots à ta mère, et à moi un peu d'eau-de-vie pour me réchauffer quand je suis à pécher dans l'eau jusqu'au genou?

Je n'osais plus répondre aux raisons de mon pauvre homme, mais Jean vint à mon secours.

—Père, dit-il en se levant, mon aîné est prêtre, il n'a pas de robe noire, pas de chapeau à trois cornes; il faut lui acheter un chapeau à trois cornes et une robe noire; nous mangerons encore du pain cet hiver et ma mère me raccommodera ma jaquette.

— O mon Dieu! que mon Jean était beau, parlant ainsi! j'en pleure encore, monsieur!

— Fils, dit le père, je n'ai rien à te refuser, excepté cette robe noire. Ces douze écus seront pour toi, pour ta mère et pour moi; pour ta mère et pour toi, enfant, et pour ton père. Ton frère est bien nourri, bien chauffé; il a un lit et des draps et autant de couvertures qu'il en veut; nous couchons sur la paille, recouverts de nos habits d'été; il ne jeûne que pendant quarante jours, nous jeûnons toute l'année, et le dimanche nous serions heureux de dîner comme lui à ses jours de jeûne. Qu'on ne me parle pas de cette robe et de ce chapeau; qu'on ne m'en parle pas! femme, je ne veux pas.

— Hélas! dis-je à notre homme, il ne lui faut plus que cette robe et ce chapeau pour être prêtre. Encore ce sacrifice, notre homme, encore l'hiver à passer; aimes-tu donc mieux voir au manteau de la cheminée un morceau de lard que de voir ton fils assis plus haut que les chantres de l'église et te donnant sa bénédiction?

— Oui, père, reprit Jean, on méprise mon frère; on lui demande où est sa robe? il faut qu'il ait une robe, mon père, donne-lui les douze écus.

2.

Le père reprenait :—Si je donne ces douze écus, c'est notre mort. Prends ces douze écus, Jean, prends-les, je te les donne, et non à ton frère; ton frère nous a ruinés; nous avons pour lui vendu la vigne de ton oncle Robin, la maison et la vigne de mon frère le richard: toute notre fortune a passé dans le séminaire. Tu verras, mon fils, qu'il faudra que je vende·mes filets et mon bac! Puis il se retournait vers moi :— Femme, femme, disait-il, nous aurons un prêtre au lit de mort, peut-être. Puis il tirait de sa pail-lasse les douze écus, il les comp-tait un à un, il en compta onze en soupirant.

Il s'arrêta au douzième écu.

— Jean, dit-il, voilà un écu qui
sera pour toi; je veux le dépenser
pour toi, Jean; tu achèteras pour
toi de la galette, des dragées, des
pruneaux de Tours, du sucre
d'orge, un couteau à tire-bouchon,
toutes sortes de bonnes choses; les
hochets de ton frère sont plus chers,
mon enfant. Allons, prends cet écu,
qu'il ne soit pas dit que tu sois
le seul qui n'ait pas perdu notre
argent; dépense quelque chose,
Jean, pour ne pas trop faire rougir
ton frère. Allons, mon fils, viens à
la fête, tu danseras et tu donneras
deux sous pour la contredanse. Et
mon pauvre homme prit son fils dans
ses bras, le baisa en pleurant,
tenant toujours son dernier écu.

Oh ! monsieur, c'est qu'il en coûte bien cher pour faire un prêtre! on dit aux parens : *Ça ne vous coûtera rien*, et à chaque instant il faut payer quelque chose; il faut donner son pauvre argent à un homme noir qui ne vous dit même pas merci, et on vit de pain, et on laisse son bac prendre l'eau. »

En même temps, la pauvre femme retirait une de ses rames pour rejeter l'eau qui se faisait jour à travers les fentes du bateau.

CHAPITRE XXIX.

Qui sommeille est bientôt réveillé.

Poésies du roi de Bavière.

En même temps accourait le petit Jean; il était couvert de sueur et tout essouflé; il apportait le dîner de sa mère; le pauvre enfant était nus pieds, en guenilles, un mauvais chapeau d'homme sur sa tête, et les yeux couverts par ses cheveux qu'il écartait de temps à autre.

« Voici Jean, » dit la mère à Anatole, et Anatole regardait Jean avec attendrissement et respect.

« Jean, dit la bonne femme, pendant que je mange, raconte à monsieur l'histoire de notre abbé, de ton frère, et surtout ne pleure pas, mon fils; ne pleure pas, cela me fait trop de mal. »

Jean mit son chapeau par terre, et ayant relevé ses cheveux et essuyé son nez avec son bras :

« Mon pauvre frère, dit-il, il m'a raconté cette histoire trois fois, monsieur; il a été tenté par le diable le jour où il eut gagné assez d'argent pour aller commander sa soutane. Car mon frère gagne de l'argent, monsieur: il dit des messes et des enterremens, et il nous a fait souvent passer de l'argent et à moi des habits; c'est lui qui m'a donné les souliers que j'ai à la maison et le chapeau que voilà : il est très bon pour nous, mon frère. »

Ce mensonge héroïque fut débité d'un grand sang-froid par l'enfant, qui regardait sa mère d'un œil suppliant, de peur d'être démenti.

« Voici donc, reprit Jean, ce que je sais de ce malheur.

Mon frère n'était jamais sorti du séminaire. Il n'avait jamais traversé ces rues de Paris toutes pleines d'iniquités; il était pur et innocent, mon frère. Ce jour-là il allait commander une robe : il avait pris douze écus sur son argent; il monte chez la femme qui fait les robes sacrées du séminaire : il frappe à la porte ; une petite fille vient lui ouvrir. Voilà.

Quand mon frère, qui est pourtant un abbé tonsuré, vit que la vieille habilleuse n'y était pas et au contraire que c'était la jeune, il se mit à vouloir redescendre, mais il n'osa pas, et il entra, le malheureux, quand elle lui dit : « Entrez, s'il vous plaît ; donnez-vous la peine d'entrer, monsieur l'abbé. »

Anatole écoutait de toute son ame le récit de Jean ; sa bonne mère qui savait si bien cette cruelle histoire se mit aussi à prêter l'oreille, oubliant d'achever son frugal repas.

Jean reprit :

« Elle dit donc à mon frère : Entrez! il entra. Que voulez-vous, monsieur l'abbé? — Je voudrais une robe, mademoiselle, dit-il. Voilà ce qu'elle reprit : Ça ce peut; comment voulez-vous votre robe, monsieur l'abbé? Car elle disait toujours monsieur l'abbé.

Je voudrais, dit mon frère, une robe pour neuf écus. Il gardait deux écus pour un chapeau doublé en soie violette, pour se présenter.

Pour neuf écus, dit la petite, vous n'aurez pas un beau drap, un beau ruban moiré, un rabat très fin et une culotte large; c'est à peine si vous aurez un petit manteau comme aux pompes funèbres;

cependant vous pouvez - être assez
propre à ce prix-là : il ne s'agit
que de savoir comment vous voulez que cela soit fait.

— Mais, reprit mon frère, comme
on fait les robes de prêtres pour
neuf écus.

— J'entends bien', dit la petite,
mais il faut que votre robe soit à
la mode, qu'elle laisse voir votre
jambe, que le cordon soit relevé
autour de vos reins et vous prenne
bien la taille; à peu près comme
ma ceinture, regardez-moi.

Mon frère, qui n'avait pas encore
levé les yeux, leva les yeux par
malheur. Il m'a juré, monsieur, que
cette petite habilleuse était brillante
de feu; il ne lui vit pas de cein-

ture, il ne vit rien qu'une tête
infernale : ses mains brûlèrent; la
fille continuait toujours :

Voyez, disait-elle, votre ceinture montera là; et elle appuya un
doigt sur sa poitrine, lourd comme
le doigt de Satan; elle resta ainsi
deux minutes, suivant mon frère
du regard.

Alors mon frère fut tout-à-fait
ébloui; il chancela; il voulut s'ap-
puyer, il s'appuya, il ne sait plus sur
quoi, mais il sentit sous ses deux
mains la ceinture dont l'habilleuse
lui avait parlé, et qu'il n'avait pas
vue d'abord.

Il sentit sous sa main droite
quelque chose qui battait, et au-des-
sus de chaque main un mouve-

ment convulsif; c'était un miracle de l'esprit des ténèbres, un fantôme ! Mon pauvre frère pensa mourir.

La petite fille oublia ses robes sacrées; elle ne parla plus à mon frère, mon frère ne lui parla plus; il sentait ses pieds cloués à terre, et il serait encore là, si la vieille habilleuse ne fût pas rentrée brusquement.

Le charme cessa.

Mon frère qui se croyait possédé, rentra au séminaire, ne songeant pas plus à sa robe que s'il en avait eu deux.

Un jour après, le supérieur a renvoyé mon pauvre frère, sans pain, sans chaumière, sans même savoir un métier. Mon père ne veut pas voir mon frère; mon frère est oisif comme si ce n'était jamais dimanche; **on dit qu'il n'est bon à rien**; et sa robe s'est usée depuis ce temps; cette robe si bien faite! ce cordon si bien placé! »

Ici l'enfant pleura, la mère versa une larme : *l'angelus* sonna. Les femmes de laboureurs remplissaient le bac, le bateau se mit en route; on toucha la rive opposée, et les deux grands arbres qui forment la limite; Anatole embrassa l'enfant : « Rends à ton père ces douze écus de ma part, mon enfant. »

Et il suivit sa route en songeant qu'il donnerait ce pauvre abbé à la première femme de sa connais-

sance qui aurait besoin d'un lec-
teur. « Cette fois sa robe lui servira, comme sert une livrée, pensait-il. »

CHAPITRE XXX.

> Nous avons eu des recettes pour
> faire des religions ; Mahomet est
> le dernier qui s'en soit servi ; il a
> perdu la recette et personne n'y
> a plus foi.
>
> Prenez un bel homme.
>
> *Le Juif errant.*

Aɪɴsɪ il était moins avancé que le premier jour ! Il avait déjà interrogé bien des hommes dans le sacerdoce sans avoir été compris par les uns, sans pouvoir se confier aux autres. A force de refléchir et

d'étudier les hommes, il s'imagina
que la croyance manquait aux uns,
que les lumières manquaient aux
autres; bien plus, de cet état de
malaise, dont il ne pouvait sortir, il
en serait venu à tirer la conséquence
que le dogme catholique était affaibli, épuisé; que la vieillesse qui a
frappé d'un coup mortel tant de
religions et tant d'empires avait
porté sur nos croyances religieuses
sa main de fer; que sa foi était
une foi vaine et ridicule dont il
n'avait plus qu'à rougir : mais le
malheur arrêtait ces funestes pensées dans son ame; il avait trop
besoin de religion pour ne pas y
croire, pour ne pas en vouloir une
à tout prix.

Certainement l'époque était favorable pour chercher toutes les religions possibles excepté la nôtre. L'introduction de l'école de Socrate, le triomphe du spiritualisme sur la sensation, et le profond dégoût des générations présentes pour le spectacle si usé de grandes actions et de petits hommes qu'on appelle l'histoire, tant d'influences nationales et surtout étrangères, tout cela devait pousser quelques hommes à tête exaltée à fonder quelque chose de plus durable qu'un empire, à convoiter une vie plus longue que celle des héros. Ce n'était pas trop peut-être pour les ambitieux de nos jours de vouloir se faire Dieux quand il n'était

personne qui n'eût été roi une fois
dans sa vie; de là des sectes, des
hérésies, des théogonies nouvelles,
un Olympe bourgeois, et enfin des
religions naissantes qui n'attendent
plus pour avoir leurs évangélistes
que la passion, le martyre et la
prière qui se cache dans les cata-
combes au milieu de la nuit.

« Croyez-moi », disait à Anatole
un jeune sceptique plein d'insou-
ciance et ignorant autant qu'il faut
l'être pour douter de tout; « croyez-
moi, mon cher, renoncez à ce curieux besoin de savoir le dernier mot
de ces croyances que le dix-hui-
tième siècle a si fort ébranlées. Ce serait une étude sans attraits comme
l'étude de toutes les sciences qui

n'ont plus de progrès à faire , comme le seraient les sciences mathématiques si elles n'avaient plus d'*inconnues*. Regardez plutôt autour de vous , tous les systèmes religieux qui nous encombrent; mais je vous prie, prenez une loupe , et baissez-vous pour mieux voir. Ne remarquez-vous pas toutes ces petites religions qui s'agitent. Mahomet en bonnet carré et en robe noire; Mahomet en frac de chasseur, qui médite un nouveau Koran dans une chasse aux perdrix; Mahomet qui sort du collége et qui fait des lois d'abstinence et de jeûne pour arriver plus vite aux houris du paradis? Qui de nous n'a pas été Mahomet! qui n'a pas de-

mandé des autels avant même d'in-
triguer pour une division générale?
Les prophètes ne se comptent plus.
Les bonnes femmes prophétisent au
coin de leur feu et dans les halles;
les professeurs prophétisent dans
leurs chaires ; on est prophète
même dans son pays aujourd'hui ,
ne fût-ce que pour faire mentir *la
sagesse des nations.* » Puis il reprenait avec un ton inspiré :

«Voulez-vous croire? voulez-vous
une religion toute nouvelle, mon
fils ? Saint-Simon vous tend les
bras, Saint-Simon dont les disci-
ples ardens sont partis de l'industrialisme pour arriver au mysticis-
me; c'est saint Paul qui les conduit
dans cette voie de régénération

nouvelle; le pape visible de cette religion née d'hier a fait ses études avec moi, je vous donnerai une recommandation pour lui, si vous voulez.

— Pour ma part, reprit un autre philosophe, j'aime mieux en fait de régénérateur l'abbé OEgger que Saint-Simon; l'abbé OEgger a laissé l'industrialisme de côté, comme la tache originelle de notre époque; le but des *saint-simonistes* est le point de départ de la religion de l'abbé; jugez où il arrivera. Plus modeste que ceux qui ont choisi saint Paul pour patron, il a choisi Judas Iscariote, l'apôtre aux cinq deniers; peut-être est-ce par la raison qui a réhabilité parmi nous

Aristophane, celui-là même qui tra-
hit Socrate ; car la révision pour
l'histoire moderne est la même que
pour l'histoire sacrée , tout se tou-
che : Mahomet et Bonaparte , saint
Augustin et J.-J. Rousseau , Aristophane et Judas, Anitus et Luther.

Seulement pour faire un Dieu
l'abbé OEgger demande un temple,
pendant que les théophilantropes ,
autres sectaires qui ont aussi leur
dieu, ne demandent pour temple
que l'univers ; ce qui aplanit, tu le
vois, de grandes difficultés. »

Ainsi parlait le jeune homme; son
ton railleur allait au cœur d'Anatole; il ne concevait pas qu'on pût
rire ainsi de ces grandes questions,
et il était tellement agité qu'il ne

voyait pas que la première division religieuse venait de tous ces contrefacteurs dont on lui parlait.

Après un instant de silence :

« Vous qui vous entendez si bien en religions, dit Anatole à son ami, comment comprenez-vous la fin du monde ?

— J'ai un système à moi, répondit l'autre ; le monde ne périra ni par l'eau, ni par le feu ; il ne sera pas heurté par une comète ; il a une manière plus naturelle de finir. Le jour où toutes les intelligences seront égales dans le monde moral ;

Le jour où il n'y aura plus ni montagnes ni vallons dans le monde physique,

Ce jour-là sera notre dernier jour.

Autrement dit, le monde finira par applatissement. Du train dont nous allons, il sera peut-être fini demain. »

CHAPITRE XXXI.

Prenez mon ours.

M. Scribe.

Vous ne comprenez rien aux paraboles.

Évangile.

« Te voilà bien inquiet, mon frère, dit un esprit fort de la troupe; rien n'est simple comme cette histoire des religions après laquelle tu parais courir. Les gros livres de Dupuis, si stupides et si fatigans, l'*Essai sur les mœurs*, de Voltaire, Voltaire lui-même et tous les en-

3.

cyclopédistes, ne t'en apprendront jamais autant à ce sujet que l'histoire de la soupe aux cailloux.

Veux-tu que je te raconte l'histoire de la soupe aux cailloux, cher Anatole? elle est vieille comme le temps.

— Je veux bien savoir l'histoire de la soupe aux cailloux », répondit-il.

Et le jeune homme raconta l'histoire de la soupe aux cailloux.

« Il y a de cela bien long-temps, avant Mahomet, avant Clovis, avant saint Pierre; un paysan et sa femme sortirent de bon matin pour aller travailler à la terre. « Prenez bien garde, dirent-ils à leurs enfans, d'ouvrir la porte à personne. Si

quelque soldat vous dit : Ouvrez-
moi, répondez : Nous n'avons pas
de vin. A un voyageur, dites-lui :
Passez votre chemin. A un mendiant, criez-lui : Dieu vous assiste!
et tenez-vous tranquilles jusqu'à
notre retour. »

Les enfans promirent d'être bien
sages et de ne pas ouvrir la porte, et
les parens s'éloignèrent bien rassurés.

Arrivèrent à la porte de la chaumière des soldats à qui on dit :
« Nous n'avons pas de vin »; des
voyageurs : « Passez votre chemin,
voyageurs »; des mendians : « Dieu
vous assiste! » Et la porte ne fut
pas ouverte une seule fois.

Vint un moine; ils n'avaient rien
de particulier à dire au moine, et

ils lui dirent : « Nous n'avons pas de vin; passez votre chemin; que Dieu vous assiste!» Et la porte ne s'ouvrit pas.

« J'en suis fâché, dit le moine aux enfans; j'aurais voulu, avant de poursuivre ma route, faire un chaudeau avec le caillou que voici. » Et il remettait son caillou dans sa besace, et sa besace sur son dos.

Les enfans qui n'avaient jamais vu faire la soupe avec un caillou rappelèrent le moine et lui crièrent par la fenêtre : « Que vous faut-il?

— Il me faudrait un pot de terre », dit le moine.

Les enfans lui descendirent un pot de terre par la fenêtre; le moine y plaça son caillou avec soin.

Il s'agenouilla devant le pot, et
fit semblant d'attiser le feu, d'un
souffle robuste; les enfans étaient
intéressés au dernier point.

« Si j'avais de l'eau dans ce pot,
reprit le moine, mon caillou serait cuit bien plus tôt. »

Et le pot fut rempli d'eau à l'instant.

« Mes enfans, dit le moine l'instant d'après, mon eau serait bien
plus tôt bouillante si vous me per-
mettiez de mettre ce pot sur votre
feu. »

On ouvrit la porte au moine, et
il plaça le pot sur le feu que les
enfans venaient de ranimer.

Le moine attendit que l'eau fût
bouillante :

« A présent, mes chers petits, dit-il à ses hôtes, mon caillou est cuit à point, ma soupe sera bientôt faite, me refuserez-vous un peu de sel pour l'assaisonnement? »

Les enfans lui donnèrent du sel.

« Et vous, ma jolie fille aux yeux bleus, ne me couperez-vous pas bien un peu d'oseille dans votre jardin? mon bouillon en sera bien meilleur. »

La jeune fille alla couper de l'oseille dans le jardin.

« Pour toi, mon gros garçon, dit le frère, en s'adressant au cadet de la famille qui ouvrait de grands yeux attendant que le caillou fût cuit, ne pourrais-tu pas jeter toi-même dans ce pot la moitié de ce

morceau de lard? Quand le lard
sera dans le pot, mon caillou sera
cuit, mes enfans, ma soupe sera
faite; vous verrez une blanche écu-
me s'élever sur les bords, et je n'au-
rai plus qu'à tremper ma soupe avec
le morceau de pain que vous me
donnerez. »

On donna au moine un morceau
de pain; il le coupa lui-même par
tranches égales dans une écuelle de
bois, après quoi il jeta sur ce pain
le bouillon qui écumait dans le pot;
une bonne odeur de cuisine rem-
plit la chaumière.

« C'est vraiment une bonne soupe
qu'il a faite avec ce caillou, disaient les enfans;» en même temps,
les narines profondément ouvertes,

ils contemplaient cette bonne soupe, dans toute l'attitude de la convoitise et d'un violent appétit.

Le moine se mit à table et mangea le potage.

« O le bon potage ! mes enfans, quel bien il me fait ! que j'avais faim ! » Les enfans auraient bien voulu goûter du potage ; ils avaient donné pour le faire leur pain et leur lard de la journée ; mais le moine vida l'écuelle en un clin-d'œil.

Quand il eut fini et qu'il se fût bien reposé : « Enfans, dit-il, vos parens ont eu tort de vous défendre d'ouvrir à un pauvre moine comme moi.

Je vous donne le caillou qui

m'a fait de si bonne soupe, pour
vous récompenser de votre belle
action. » Et il s'éloigna, regardé
comme un saint par les enfans qui
n'eurent rien de plus pressé que
de replacer leur caillou, en guise
du pot au feu.

Voilà, mon ami, l'histoire de la
soupe au caillou. C'est à peu près
l'histoire de tous les pouvoirs de
ce monde, autel ou trône, terre
ou ciel. »

Heureux celui qui joue le rôle
du caillou !

CHAPITRE XXXII.

Il n'y a qu'une vie ; la vie con-
templative.

Ou celle du poisson dans l'eau.
Johnston.

C'est ainsi qu'il s'arrêtait encore
à ses vieilles habitudes de scepti-
cisme. Cette étude, dont le but lui
échappait toujours, n'était pas sans
charmes ; il marchait au hasard, il
est vrai, mais non pas si fort au
hasard qu'il ne comprît très bien
qu'il faudrait s'arrêter tôt ou tard ;

comme les enfans qui vont à l'école, il prenait le plus long, voilà tout.

Vous comprenez donc qu'il dut entendre bien des histoires relatives au sujet qui l'intéressait ; qu'on lui raconta bien des faits qui touchaient au clergé, aux doctrines ; bien des hauts faits , bien des vertus , quelquefois des crimes atroces. Il écoutait tout cela avec assez de calme, comme un général qui va livrer une bataille décisive , qui prend ses notes, et qui interroge les moindres espions avant le combat.

« Je vous assure, monsieur, que ce qui fait un prêtre, c'est son bréviaire ; il n'y a que le bréviaire pour un prêtre ; le bréviaire, c'est sa vertu, c'est sa science, sa vie; lui tout entier; c'est sa vocation sur la terre et son plaidoyer dans le ciel.»

L'homme qui parlait ainsi à Anatole était un honnête concierge de son hôtel, un pauvre diable, très philosophe et fort peu moraliste, qui avait voyagé une année entière avec un abbé, savant astronome que le gouvernement envoyait dans la mer du Sud pour observer le passage de Vénus.

De sorte qu'il avait une profonde connaissance du mérite, des vertus et des travers de cet abbé.

Partis tous deux de Fontainebleau pour aller à Marseille, ils ne s'étaient arrêtés nulle part que pour dire le bréviaire; prime, à Fontai-

nebleau quand ils auraient pu se
promener dans les galeries du pa-
lais; tierce, à Nevers, à côté de
la boutique du menuisier; sexte, à
Moulins, sans acheter un petit couteau ; nones, à Lyon, au pied
même du château de Pierre-Encise,
où fut enfermé le chevalier de Cinq-
Mars; vêpres et complies, en des-
cendant le Rhône, en effleurant
Vienne, Condrieu, Saint-Pierre-de-
Bœuf si joli et si inconnu, Valen-
ce, Aix; ils disaient matines et lau-
des quand ils entrèrent à Marseille.

Sans compter qu'ils recommen-
cèrent en s'éloignant du port.

« Mais, monsieur, disait le pauvre homme à son abbé, pourquoi
donc toujours le bréviaire? le bré-

viaire sur terre et sur mer? » A quoi l'abbé répondait :

« J'ai dix mille francs pour dire mon bréviare et je le dirais dans l'autre monde à ce prix-là.

— Mais pourtant les réponses sont bien longues, reprenait le secrétaire.

— Et d'un latin assez barbare, disait l'abbé.

— Et ne pourriez-vous pas, monsieur, abréger ces légendes, une fois que vous savez la vie des saints?

— Je le pourrais par dispense du pape, mon fils.

— Et pourriez-vous de même abréger les leçons de l'écriture occurrente, sachant la Bible comme vous la savez?

— Je le pourrais par dispense du pape.

— Et un savant astronome comme vous pourrait - il omettre le bréviaire dans le moment du passage de Vénus?

—Je le pourrais par dispense du pape. »

Mais comme ils n'avaient pas de dispense du pape, ils continuaient à réciter le bréviaire, ce qui avec le jeu d'échecs, le mal de mer, les raffales et le sommeil abrégeait merveilleusement les heures dans cette vaste mer.

CHAPITRE XXXIII.

C'était au bombardement, il y a bien
long-temps de cela.

Il est dur de se briser contre le roc.
La Tempête.

Ils eurent bientôt perdu de vue la côte de Provence, laissé à l'est les îles de Corse et de Sardaigne, et dépassé les îles Minorque ; déjà même ils approchaient des côtes de Barbarie, lorsque monsieur l'abbé, qui à l'astronomie joignait un peu d'érudition, se mit à raconter à qui voulait l'entendre comment Carthage fut fondée par le dieu Neptune et renversée par le dieu Mars aidé des Romains; il allait même parler de saint Augustin et d'Hippone, lorsque l'on aperçut deux chebecs algériens dans le lointain.

L'officier de quart cria aux armes. Les soldats s'avancèrent sur le pont; les passagers descendirent à fond de cale; le pilote vira de bord, et le vaisseau se mit à fuir de toutes ses voiles.

L'abbé disait son bréviaire.

Quand le danger fut passé : « Je voudrais bien savoir, dit l'abbé, pourquoi les Provençaux, les Espagnols, les Génois, les Napolitains ne se liguent pas pour détruire ce repaire de brigands, et pour foudroyer encore ce méchant rocher qui leur interdit les deux mers?

— Vous verrez, reprit un drofond politique, que c'est parce que les Anglais ne veulent pas. »

CHAPITRE XXXIV.

Notre vaisseau dans une paix
profonde.

Pierrot.

On approchait de l'Espagne, et déjà
l'abbé pointait ses lunettes du côté
du royaume de Murcie, espérant
entrevoir au moins le clocher de
l'église où repose l'astronome Al-
phonse, roi de Castille, lorsqu'on
aperçut Grenade.

« Pourriez - vous me dire, monsieur l'abbé, demanda notre philo-

sophe, pourquoi les espagnols ont chassé les Maures de Grenade? Il n'y avait donc pas de place pour eux? »

Monsieur l'abbé lui expliqua que les Maures étaient musulmans, et que le roi Ferdinand les chassa comme tels; qu'ils portaient un turban, et que Philippe II les fit brûler.

Qu'il n'en savait pas d'autres raisons.

Ainsi devisant, on perdit de vue le port de Malaga; et avant que monsieur l'abbé eût dit deux fois son bréviaire, on aperçut les tours de Gibraltar.

Et les Français qui étaient là s'emportèrent tout haut contre la lâcheté des Espagnols qui avaient abandonné cet entrepôt de fièvre jaune à l'Angleterre.

Et monsieur l'abbé trouvait qu'il n'y avait pas grand mal à cela, et il s'occupait toujours des différens lieux, des planètes, des étoiles fixes et de la voie lactée, et de son bréviaire par-dessus tout.

Après cela, faites donc des guerres de religion et des blocus, élevez des bûchers ou baptisez les Maures,

L'Église vous en saura bon gré.

CHAPITRE XXXV.

Sur les ruines de Lisbonne.
Candide.

Aɪɴsɪ voyageant, il fallait une tempête. Quel voyageur n'a pas sa tempête, une tempête terrible? Le vent, les flots, les mâts qui crient et se rompent, des bras qui s'élèvent vers les cieux, des femmes éplorées, des soldats qui ne jurent plus; après quoi il faut bien que tout s'apaise. Ainsi fut-il fait; on aper-

4.

çut les îles du Cap-Vert et le vaisseau débarqua à San-Yago.

A San-Yago, ils rencontrèrent un marchand négrier. « J'aime mieux vendre des hommes de la Côte-d'Or, disait-il, que des bœufs d'Islande; j'y gagne davantage, et les nègres sont à meilleur prix que les bœufs.

—Mais la loi? disait le naïf secrétaire qui s'étonnait toujours de tout.

—La loi, reprenait le marchand, est une sûreté dont aucune nation n'est la dupe, une parure factice à l'usage des niais et des sauvages de Terre-Ferme. Que voulez-vous que deviennent les colonies sans esclaves? L'Angleterre à elle seule exporte quarante mille nègres tous les ans; il n'y a pas de nation, avec une marine et quelque morceau de terre dans les deux Amériques, qui ne se livre à ce commerce. Les Français exploitent spécialement le Sénégal; les Hollandais Saint-Georges de la Mina; les Danois chargent leurs esclaves à la rivière de Volta, les Portugais à Saint-Paul de Loanda et à Saint-Philippe de Benguela; les Anglais à Serra - Leone, au Cap - Appolinie, au Cap - Corse, à Juda, dans la rivière de Benin, à Calbari, malgre l'intempérie de l'air, au Cap-de-Lope, à Mazumba, au Cap-Secundo, à Loango. « Tout ce bétail est pour ces intrigans d'Anglais », ajoutait le capitaine avec son rire moitié marchand moitié boucher.

L'abbé qui était près de là n'entendit pas un mot de cette conversation; il lisait son bréviaire et les nègres le touchaient fort peu.

CHAPITRE XXXVI.

Rosa mystica.

LA traversée de San - Yago à Rio-
Janéiro est fort longue, ce qui
fait que Rio-Janéiro paraît encore
bien plus beau qu'on ne le dit.
La ville est posée sur le penchant
d'une colline, sous un beau ciel,
vers le vingt-deuxième degré de
latitude australe. L'or de Bahia et
de Saint - Paul y coule en abondance; les améthistes et les topa-

zes y brillent de toutes parts; c'est
un pays fabuleux , d'autant plus
qu'on y a parlé de bonne heure
de constitution et de liberté.

Matelots, officiers, passagers,
l'abbé et son secrétaire, tout le
monde eut bientôt quitté le bord.

Le secrétaire se promena dans
les rues, où il rencontra de petits
hommes forts laids qui lui deman-
dèrent s'il avait une cargaison, des
livres de prières ou des rubans de
femme à échanger contre de l'or.

Il vit sur les balcons des femmes
chargées de reliquaires, de médail-
les, de chapelets, et de croix, qui
lui jettaient dévotement des fleurs
pour l'agacer.

Il vit dans toutes les rues des

oratoires où l'on chantait des cantiques spirituels.

Tout est matière à chapelles pour
un Portugais. Au bout d'une galerie ornée des neuf muses et des
dieux de l'Olympe, vous ouvrez
une armoire, et la galerie profane
devient une chapelle.

Dans une salle à manger au
plancher de mosaïque, et pleine
encore de la fumée des vins et de
l'odeur des mets, vous ouvrez un
ample buffet, et la salle à manger
devient une chapelle.

Dans le boudoir parfumé aux
coussins moelleux, aux rideaux ro-
ses, aux vases d'albâtre, vous tirez
un cordon et le boudoir devient
une chapelle.

« O La bonne ville pour dire
votre bréviaire, monsieur l'abbé! »

CHAPITRE XXXVII.

Un animal dans la lune.

Cependant le vaisseau voguait toujours; on aperçut le Paraguay, on
doubla le cap Horn, on salua de loin
la baie de Saint-André, on débarqua
à Lima pendant un tremblement de
terre; on arriva enfin au pied des
Cordillères : c'était là que monsieur
l'abbé devait observer le passage de
Vénus.

Les montagnes ! de la verdure,

de hautes forêts, des fleuves qui tombent, des glaces éternelles, un roc nu, et au sommet l'aigle qui fait son nid, et puis le ciel! Produit d'un feu souterrain, œuvre gigantesque d'une comète, limon pétrifié du déluge, qu'importe? pourvu que la montagne soit haute et vieille comme le monde.

Vous êtes sur le mont Pichincha, vous apercevez la mer comme le mince filet d'eau qui serpente dans les grandes herbes de votre village. Levez les yeux : le Chimborazo aux mille bras, géant revêtu d'un manteau de neige, domine en maître le roc sur lequel vous êtes assis : vous voilà entre deux abîmes, bien petit.

Même quand vous avez votre bréviaire à dire.

Aussi l'abbé disait-il son bréviaire comme s'il eût été sur le mont Valérien.

Les lunettes étaient braquées, le télescope était tout préparé, le pendule se livrait à ses oscillations régulières; on eût dit l'observatoire de Paris. Prenez garde à Vénus, monsieur l'abbé!

Mais comme c'était l'heure des complies, monsieur l'abbé tenait à les dire avant de fixer son œil à la lunette.

De sorte que la Vénus des Cordillères passa dans le ciel, assise sur un char de glace, traîné par deux colombes changeantes aux ailes chargées de givre.

Et monsieur l'abbé qui était venu de si loin pour la voir fut forcé de repartir comme il était venu.

CHAPITRE XXXVIII.

Pure crème de cantharides.
Byron.

Oɴ partit donc de Lima et on appareilla pour rentrer dans la mer du Sud.

Monsieur l'abbé récitait encore son bréviaire plus souvent. Il étudiait plus que jamais les rubriques, les occurrences et les concurrences; la translation des fêtes le chagrinait; il lisait les petites Heures de préférence; d'ailleurs il emportait du pays du quinquina une violente fièvre intermittente. Ses idées se croisaient et se confondaient : c'était un véritable délire, et il parlait à chaque instant de l'état du ciel et de ses petites Heures, des étoiles fixes et des jours fériés, d'une commémoration et du passage de Vénus.

D'ordinaire tout cela finissait par une espèce d'évanouissement, comme une intrigue avec une danseuse.

On lui parla, pour le distraire, des magots de la Chine, des bramines de Bénarès, et des bayadères de Surate; mais rien ne put distraire l'abbé de sa fièvre et de sa lecture;

l'une, et l'autre c'était un parti pris.

On fut obligé de le débarquer à Cayenne pour lui faire respirer un air pur.

Cayenne est le chef-lieu de la Guyane française. Habité d'abord vous savez par qui? Quels hommes et quelles femmes! la prison et l'hôpital les ont forcés à devenir propriétaires là. Là, le rebut des Gaules; le superflu de la corruption des grandes villes. Les hommes travaillaient et ne se plaignaient pas. Ils élevaient des maisons, défrichaient leurs champs, cultivaient la canne à sucre et le café, aussi bien que d'honnêtes Hollandais.

Les femmes étaient là comme partout, parées, musquées, et co-

quettes! une vie çà et là, et inno-
centes comme si elles n'eussent pas
été à Cayenne.

Le grand nombre avait eu l'in-
tention formelle de faire le bonheur
d'un mari; mais les hommes ne se
mariaient plus de leur temps, et voilà
pourquoi elles étaient à Cayenne.

Quelques-unes avaient bien certainement toute la vertu qu'il fallait pour être recherchées en ma-
riage; mais elles n'avaient pas de
dot suffisante, et elles avaient été dé-
portées à Cayenne faute de cent écus.

D'autres, poursuivies par des fils
de famille, avaient d'abord été sour-
des à leurs prières et à leurs larmes;
malheureusement les pauvres jeunes
gens avaient voulu se percer le cœur

sous les fenêtres de l'ingrate; il avait fallu les sauver de leurs propres fureurs : elles s'étaient sacrifiées à leur repos; et voilà pourquoi elles étaient à Cayenne.

A celles-ci il n'avait manqué qu'une mère indulgente qui sût dormir, une amie qui ne fût pas toujours à dire : « Eugénie, où vas-tu? » et voilà pourquoi elles étaient à Cayenne.

A d'autres, c'était la raison opposée : elles avaient eu une mère tendre et facile; et voilà justement pourquoi elles étaient à Cayenne.

Il y en avait qui se plaignaient amèrement d'avoir vu le jour dans le quartier des écoliers, rue de Sorbonne et rue Saint-Jacques; à les

entendre, elles n'auraient jamais vu
Cayenne sans cela.

La foule de ces honnêtes personnes
accusait tout haut les cartes de res-
taurateur, les loges grillées, la petite
poste, les fiacres à stores, les chau-
mières d'été et d'hiver, les marchan-
des de modes de la rue Vivienne, les
promenades au bois de Boulogne,
les pralines et les petits pâtés.

Quelques lingères accusaient le petit bonnet rond et le tablier de taf-
fetas noir; d'autres s'en prenaient à
leurs chapeaux de satin; les plus
sages en voulaient aux chœurs de
l'Opéra et aux rôles d'enfans qu'on
leur avait fait jouer.

Plus d'une maudissait son maître
de danse et son maître à chanter, et

le piano, et les romances plainti-
ves qui commencent par *Je t'adore*,
et autres rêveries poétiques que
son père allait lire à l'Athénée des
Arts.

Pour une rose qui était tombée
de son corset et qu'un galant cavalier lui avait rendue;

Pour un faux pas un jour d'hiver;

Pour une élégie à rimes irrégu-
lières sur un papier parfumé;

Pour un rêve;

Que de raisons d'être à Cayenne!

Sans compter les cabinets de lecture, les bains sur la Seine, les
bals masqués et la messe de mi-
nuit;

Et la pauvreté, mère de l'amour,
comme disait Hésiode;

Et les tuteurs dont le compte est à rendre;

Et les casernes, les financiers et les petits commis.

Il y avait surtout beaucoup de Normandes, qui s'étaient ennuyées d'être marchandées, d'avoir des pères avares et d'être déshéritées pour enrichir le fils aîné.

CHAPITRE XXXIX.

Tactus enim, tactus !
Lucrèce.

« Quoi donc? reprit Anatole, à Cayenne même votre abbé ne sut que dire son bréviaire: son bréviaire pendant un tremblement de terre, son bréviaire sur terre et sur mer; pas un mouvement de pitié, pas un moment de bienfaisance, pas un cri d'admiration, pas une larme, rien d'un homme, rien que son

livre relié de velours! êtes-vous bien
sûr de ce que vous me dites là ?

— Cela est si vrai, monsieur, qu'il
est mort comme il avait vécu, en lisant son bréviaire et en se donnant
à lui-même un répons que je ne trouvais pas assez tôt.

« Et puis, continuait le narrateur,
je vous assure qu'après le chapelet
le bréviaire est un grand bonheur.
Ces prières qu'on murmure tout bas
sans les comprendre, cette musique sonore et pieuse qui ressemble
à un rêve, ces grains luisans de
chapelet qui glissent entre les doigts;
cette contemplation sans fin pendant laquelle l'heure s'enfuit active
et légère; ce livre qui vous suit
partout, à la ville, à la campagne,

qui monte en croupe avec vous,
qui charme les heures de la navi-
gation, qui vous console malade,
qui vous récrée bien portant, qui
se promène avec vous sous l'épais
ombrage du parc ou entre les lai-
tues du séminaire, sur ma parole
ce sont là de grands plaisirs à bon
marché et toujours nouveaux, une
étude sans ambition et sans regrets,
une science aimable et facile. Le
bréviaire pour le diacre, le chapelet pour le simple fidèle : voilà ce
qui représente tout le sacerdoce,
toute la foi. Moi, qui vous parle,
j'ai conservé l'habitude de ces paroles récitées chaque jour; ainsi j'ai
appris à être oisif sans ennui et
sans fatigue; et quand je les récite

assis au-devant de ma porte, quand je répète tout bas ces paroles mystérieuses et consolantes, je me sens un vif mépris pour le reste des hommes toujours avides de science, de gloire, de plaisirs, et qui ne connaîtront jamais le bonheur. »

Ce fut là la dernière histoire qu'Anatole consentit à écouter; encore la trouva-t-il fort longue, et plus d'une fois il fut obligé de se contraindre pour ne pas interrompre le trop fidèle historien.

CHAPITRE XL.

O ciel ! par où sortir de l'embarras
où je me trouve?

Les Fourberies de Scapin.

On conçoit que cet état de malaise ne pouvait durer plus long-temps. Il est un remède à tous les maux, c'est le premier auquel on songe, c'est le dernier auquel on a recours quand on a épuisé tous les autres ; ce remède extrême, c'est le suicide. Malheureusement nous en avons abusé comme de tout le reste.

5.

Ce fut d'abord le privilége de quelques-uns, c'est à présent la mono-
manie de tous. Un honnête homme
rougirait de disposer de sa vie en
songeant à tous les pieds-plats qui
en disposent. J'imagine que le
spleen, cette décente et correcte
maladie anglaise, ne s'est beaucoup
affaibli que depuis qu'il est devenu
un mal européen. Anatole avait trop
de bon sens pour se résoudre à un
pareil attentat; cependant il voulait
en finir, il voulait arriver au dernier mot de cette cruelle énigme,
et il était beaucoup moins avancé
que le premier jour.

A force de le tourmenter, le remords vieillissait dans son ame. Le
remords avait perdu son pas léger,

ses ailes acérées qui le portent du cœur à la tête comme une flamme; ce n'était plus le remords à ses premiers jours, c'était un poids lourd et immobile, une stupeur caduque; plus de mouvement, même dans les terreurs subites; c'était presque une habitude, une nécessité de vieille date, comme deux forçats accouplés à la même chaîne et traînant le même boulet, qui vont travailler ensemble sur le port.

Et dans cet état ne rien voir, ni ciel, ni enfer, ni élysée, ni les serpens des pâles Euménides; ne pas pouvoir se livrer à ses fureurs comme Oreste; mais, au contraire, sourire, parler, vivre, saluer à droite et à gauche, reconnaître les hommes et les appeler par leurs noms, hériter, soutenir des procès, toute la vie sociale; le rocher de Sysiphe qu'on roule en silence avec l'espoir de le fixer là-haut, qui retombe, et qu'on roule encore avec le même espoir, serait un bienfait à ce prix.

Puis à force de se repentir, on tremble; le repentir est une peur qui mine l'ame, qui la ronge, qui la réduit à rien : alors il n'y a plus d'homme. Autrefois on allait en Terre-Sainte, on bâtissait un monastère, et le repos revenait sur les rives du Jourdain ou aux dernières marches de la chapelle. Ce n'était pas trop cher acheter trois jours de sommeil.

Vous avez vu *le Malade imagi-
naire*, ce pauvre bourgeois qui
souffre de tant de maux, depuis la
toux jusqu'à l'hydropisie, et qui se
soulage avec M. Purgon et M. Fleurant. Jusque là tout va bien; M. Purgon et M. Fleurant, les médecines et
les remèdes anodins, tout cela c'est
justice. Arrive un mieux appris auprès du pauvre malade, un esprit fort,
qui se porte bien et qui en est con-
vaincu; vous verrez qu'il aura la
cruauté de sourire au nez du pauvre diable, de rire de maître Purgon
lui-même, de tourner en ridicule ces
hommes précieux dont le seul aspect soulageait le pauvre malade!
Jette tes sarcasmes à pleines mains,
malheureux; ôte le bandeau des

yeux de ton malade., démontre-lui bien qu'il est entre les mains d'ignorans empyriques ; fais - nous rire à ses dépens ; j'imagine que le soir cette cruelle plaisanterie portera des fruits amers. Orgon, se croyant toujours malade, et resté seul sans médecin et sans médecines, voudrait en vain fermer les yeux : son mal l'a repris de plus belle. Car malade ou non Orgon souffre encore, et il va mourir par la raison que vous avez à ses yeux désenchanté monsieur Thomas Diafoirus.

Regardez ensuite la cérémonie de réception. Tous ces comédiens qui se déguisent doublement, qui mettent une robe sur leur premier costume ; Sémiramis elle-même,

naguère si belle et si touchante,
en habit de docteur; tout cela arrive au bruit des mo. uers et pré-
cédé de hallebardes d'apothicaires,
tout cela chante comme un air
funèbre en mauvais latin; que
voulez-vous que devienne un malade à l'aspect de ce redoublement
d'ironie? il faut absolument qu'il
meure ou qu'il ne souffre plus, il
n'y a plus de milieu.

Ainsi était Anatole. Il assistait
depuis long-temps à une parodie
sans terme; jusqu'à présent il avait
écouté une moquerie monotone ou
chacun venait jouer paisiblement
son rôle et lui dire : « Tu ne croiras
pas. » En vain il avait voulu re-
pousser tous ces fantômes et ne

plus entendre le bruit des mor-
tiers, et ne plus voir les tabliers
et les bonnets de coton, et tous
les détails de la farce qu'on jouait
devant lui et dans laquelle il était
forcé de dire : *Juro*.

La parodie est un remède comme
le suicide.

Après avoir passé à travers tous
les doutes et toutes les espérances,
Anatole était tombé dans le désespoir.

Je suis sûr que le malade ima-
ginaire en sortant de la cérémonie
fit comme Molière lui-même, et
cracha le sang.

CHAPITRE XLI.

Ma sœur Anne, ne vois-tu
rien venir ?

Barbe-Bleue.

Mais avant d'attenter à ses jours,
il voulut faire un dernier effort
pour trouver un prêtre qui pût
l'entendre. Déjà il avait passé par
tous les degrés du clergé catholique, depuis le prêtre qu'il avait
vu dans le monde, simple et facile dans ses mœurs, homme d'esprit et de sens, jusqu'à l'innocent
curé de campagne; depuis le riche

abbé d'église-majeure jusqu'au pauvre reclus, confesseur aux bons
temps, et qui ne songe plus qu'à bien
mourir. Il avait vu le prélat italien au
milieu du luxe innocent des arts,
le savant docteur de Sorbonne qui
veille et qui prie; qui veille pour
tous, et qui prie pour lui seul; le
fougueux missionaire, apôtre romain,
et trop ambitieux d'éclatantes con-
versions pour s'arrêter à un pécheur isolé. Dans toute cette foule
il n'avait pas trouvé un prêtre à
qui il pût dire : *Bénissez-moi, mon
père*; pas un prêtre qui osât lui
dire : *Je te bénis.*

Par hasard il entendit parler
dans la société un peu mystique de
sa mère des sermons d'un saint pré-

tre espagnol dont on vantait les vertus et la piété.

Ce fut pour lui un trait de lumière. De tous les royaumes de ce
monde, (royaumes ou républiques,
qu'importe? tant le monde a changé!)
l'Espagne est la seule terre qui soit
restée immobile et stationnaire au
milieu des révolutions; les lois et les
mœurs, la royauté et la religion,
ses moines aussi bien que tous les
soldats du monde, tout cela a échappé au progrès social. « L'Espagne est
le royaume de Philippe II, le berceau
de l'inquisition ; s'il existe encore
un confesseur, c'est en Espagne. »

Et il se mit à chercher du
même pas cet abbé espagnol dont
on lui avait tant parlé.

CHAPITRE XLII.

Vaste désert d'hommes.

Il existe quelque chose de plus curieux que les pyramides d'Égypte,
le Kremlim, ou les glaciers de la
Suisse; de plus étonnant que toutes
les merveilles qu'on va voir avec
tant de frais et de fatigues : c'est
une vaste maison parisienne, dans
un quartier populeux, habitée depuis les fondations jusqu'aux toits.

L'extrême luxe au premier étage, l'extrême indigence dans les combles,
l'industrieuse activité dans le milieu. Des charlatans, des hommes
de loi, des financiers; Phryné sur
la paille et Phryné sur le duvet, et
à chaque pas une décoration nouvelle. Au rez-de-chaussée l'enseigne
marchande qui se balance au gré
du vent; à l'entresol, des commis,
une caisse, le son de l'or, et des
chiffres sans fin; puis l'étude du
notaire et la foule qui se presse,
et les actes qui s'entassent, maria-
ges ou testamens; puis l'homme qui
n'a qu'à être heureux, qu'à faire
ou à recevoir des visites, de grands
laquais et de petits chiens; puis
plus haut les ménages s'entassent,

l'air se partage, le travail isolé habite là ; c'est le dernier degré de la médiocrité, l'extrême échelon après lequel il n'y a plus de bienêtre, l'étroite et active bourgeoisie, une femme qui travaille, un enfant qui pleure, un serin qui chante; et plus haut des portes muettes, des chambres à coucher petites et étroites, une ardoise silencieuse attachée à la porte, inutile valet d'antichambre qui se morfond comme dans un jour de disgrace et qui ne trouve personne à annoncer ; puis enfin l'artisan sur les toits, l'artisan qui fait crier le fer, qui scie le bois, qui construit des mémoires et des poèmes; la grisette aux pensées romanesques éle-

vant son château en Espagne vis-
à-vis une fenêtre ombragée de
capucines; et s'il y a quelque chose
de plus élevé, un grabat, de la
paille, des pleurs, les prisons de
plomb de Venise en été, la glace
en hiver, une souffrance de toute
la vie. Et là pas un reflet des
bougies du premier étage, pas
même l'odeur des cuisines, pas le
bruit des chansons, pas le mouvement de la cour; pour tout spectacle des greniers qui regorgent,
le foin qui passe à travers les gui-
chets, qui parfume les escaliers
d'une odeur champêtre, insultante
abondance qu'on dirait placée là
exprès, pour mieux faire comprendre quelle distance sépare un mal-

heureux homme d'un beau cheval.

Bien souvent ces idées de contraste s'étaient présentées à l'esprit d'Anatole; ce monde sous la loi d'un portier et soumis à son despotisme, cet assemblage d'opulence et de misère, ce rire à côté de ces pleurs, ces hideuses difformités à côté de ces graces, cet ordre dans le désordre lui avaient souvent donné à réfléchir. Il était alors dans ses jours d'innocence; cherchant le drame partout où il espérait le rencontrer, cherchant de l'émotion et des larmes, étonné d'être heureux, heureux de son étonnement, heureux du moindre battement de son cœur. C'est qu'alors il se sentait supérieur à toutes les infortuues, au niveau de toutes les grandeurs. A présent c'était avec tremblement qu'il montait dans cette vaste maison, au hasard, comme dans une grande route; il cherchait un homme si pauvre que c'était à peine si on avait daigné le lui indiquer.

C'est un triste voyage de parcourir une maison d'hommes dans laquelle on est à peu près sûr, de ne pas trouver la demeure que l'on cherche.

Anatole était arrivé au quatrième étage haletant; il se trouvait vis-à-vis un labyrinthe de portes, grandes et petites; du bruit, du silence : à quelle porte frapper?

Il frappa à une porte qui lui parut plus décente que les autres ;

elle avait été vernie il n'y avait pas
long-temps; un ruban d'une couleur passée était attaché à la sonnette; il y avait un tapis à la
porte, c'était de l'élégance pour ce
lieu.

Il frappa, la porte ne s'ouvrit
point; et je ne sais par quel effet
d'écho la porte voisine s'ouvrit tout
à coup...... Anatole eut presque
peur.

La femme qui se tenait à cette
porte ouverte était évidemment une
grosse et joviale commère, espèce
de préfecture improvisée dans ce
monde à part, qui avait ses flat-
teurs, ses administrés, ses oppo-
sans, ses amis, son conseil, ses
fêtes et ses bals. En retour de tant

d'honneurs, c'était à elle qu'appartenait la surveillance de ce département, le soin de diriger la grande et petite voirie, et tous les offices de ce nouveau genre d'édilité.

« Je ne connais pas d'abbé dans cette maison, répondit la vieille à Anatole.

— On m'a pourtant assuré, madame, que l'abbé y demeurait. »

La vieille poussa un grand cri, un cri de détresse; toutes les portes voisines s'ouvrirent à ce cri; toutes les portes, excepté celle au cordon de sonnette et au petit tapis.

C'était un spectacle à voir: ces hommes et ces femmes sur le seuil de leurs portes; ces intérieurs qui s'offraient de prime-abord dans tout le négligé du matin ; ces femmes à demi nues, sales et empaquetées dans de vieux châles, ces enfans interrompus dans leur déjeuner, tous ces regards curieux, toutes ces figures hébétées. « Qui de vous, demanda la vieille, connaît ici un abbé espagnol ? »

Toute l'assemblée répondit par un éclat de rire.

L'assemblée ne comprenait pas ce qu'on pouvait faire d'un abbé.

Les hommes fronçaient le sourcil, les enfans mordaient dans leur pain, les filles levaient les épaules.

Il y avait là un plaisant : il n'y a pas de sous-préfecture qui

n'ait son poète ou son plaisant :
« Monsieur, dit - il gravement à
Anatole, votre abbé espagnol demeure ici.» Et du doigt il indi-
quait la porte qui était restée
fermée.

«Ici!» dit toute la foule, en éten-
dant les mains d'un air solennel.

Le plaisant se mit à frapper sur
la porte :

« Eh! eh! monsieur l'abbé, ou-
vrez-nous; voici un jeune homme
qui veut vous voir; ouvrez votre
porte, s'il vous plaît.

Monsieur l'abbé! monsieur l'abbé!
voici un jeune homme qui vient
se confesser à vous d'un gros péché qui vous fera plaisir à enten-

dre; ouvrez votre porte, monsieur l'abbé!

Monsieur l'abbé, mettez votre jupon et votre cornette; mettez votre rouge et vos mouches, graissez vos cheveux, et serrez bien votre corset; ouvrez votre porte, monsieur l'abbé!

Nous le dirons à votre curé, monsieur l'abbé, vous avez le sommeil dur, et vous montez sans chandelle le soir, monsieur l'abbé; ouvrez votre porte, monsieur l'abbé. »

Et la foule riait aux éclats, et elle se serait tenue là tout le jour, si on n'eût pas entendu les pas d'une personne qui montait.

A ce bruit, le farceur quitta son

poste, et toutes les portes se refer-
mèrent en un clin d'œil.

CHAPITRE XLIII.

Et à vous, mon père.

Purifier l'ame, c'est la séparer
du corps.

Platon.

Un pas léger et le frémissement d'une robe de soie annonçaient une femme. Anatole était encore dans le premier étonnement, lorsque la jeune femme passa devant lui sans le voir. On pouvait juger à sa démarche qu'elle était pressée. Sa taille était bien prise ; ses

6.

pieds, ses mains, toute son allu-
re, annonçaient une personne du
monde. Anatole, ne pouvant obtenir le renseignement qu'il voulait,
se mit à suivre l'inconnue dans les
détours de cette vaste maison.

En général, une femme qui grimpe
un escalier tortueux et élevé n'est
guère jalouse d'être suivie. La position est disgracieuse : le dos se
voûte, les jambes se plient, il y a
de la gêne dans tous ses mouve-
mens, d'autant plus qu'elle perd
ainsi tout le charme de son visage,
toute l'élégance de sa taille, toute
la bonne façon de son port. Il est
donc rare de suivre une femme qui
grimpe. La chose n'était jamais arrivée à Anatole. Il fallait lui par-

ler, quand il était jeune homme, de suivre, par une belle nuit d'été, de belles inconnues dans de longues allées sablées, pendant que la lune jetait sa molle clarté sur leur doux visage. Alors, en effet, c'était un bonheur : les femmes se tenaient droites, et marchaient d'un pas rapide; tantôt leurs blanches épaules, tantôt leur joli profil, ombragé de cheveux épais, puis enfin un bras léger, qui s'appuyait à peine sur votre bras; une parole interrompue, de mystérieux propos, de l'attaque et de la défense; puis, après bien des prières et bien des refus, un prochain rendez-vous d'amour, auquel le jeune homme ne se rendait pas.

Anatole, en voyant cette femme,

se rappela que c'était la première femme qu'il avait remarquée depuis son atroce malheur, c'était la seule. Plus de femmes pour Anatole dans le monde, lui qui les avait tant aimées ! Pour la première fois depuis bien long-temps l'infortuné se sentit un mouvement de joie. Si par hasard cette femme était une habitante de ces lieux; s'il allait se trouver encore assez de vivacité dans le regard, et de douceur dans la voix pour s'en faire aimer; être aimé, lui ! lui, séduire encore une femme ! encore se jeter de plus belle dans les ineffables transports d'une passion d'amour ! Cependant la jeune fille montait toujours.

Ou plutôt s'il n'avait devant les

yeux que la prêtresse profanée d'un amour facile, une pauvre fille qui se cache dans l'ombre, qui dort sur un grabat et qui se livre au premier venu ?» N'importe, je veux la suivre; cette femme sera encore une femme pour moi ; pauvre et insouciante créature qui jette à l'abandon ses baisers et ses soupirs! Qui me rendra mes nuits de débauche, les emportemens de l'orgie, la flamme brillante du punch, jeune fée à la chevelure bleuâtre, et le rire folâtre de Laïs, qui ne songe qu'à être belle et à me plaire, fidèle à ses sermens jusqu'à demain ?»

Il y a toute une révolution dans ces idées. Elles traversent une pensée religieuse avec la fougue de

. l'ouragan; elles enflamment le sang, élles font tout oublier, même le remords. Anatole se sentit mieux.

Cependant la jeune fille était arrivée au sommet de la maison; elle avait touché la dernière marche de cet escalier sans fin, et elle n'avait pas fini de monter. Une échelle était appliquée contre le mur; elle paraissait conduire sur le toit; elle dominait toute la hauteur de ce cinquième étage, comme suspendue sur l'abîme; il y avait de quoi avoir un vertige.

Ici la résolution de l'inconnue sembla l'abandonner; elle ne posa qu'en tremblant son pied sur l'échelle, pendant que ses deux mains étaient attachées aux échelons supérieurs; elle était charmante ainsi.

On eût dit une forme aérienne : un pied qui ne repose plus sur la terre, une jambe découverte, un corps légèrement penché, une robe flottante. Quand elle fut arrivée au sommet, une porte s'ouvrit, et elle entra au milieu d'un torrent de lumière, qui tomba tout à coup de la lucarne.

Quand Anatole fut monté là à son tour, et qu'à la faveur d'une double porte il se fût caché dans cette étroite cellule, il reconnut qu'il était arrivé, sans le savoir, jusqu'à l'étrange demeure de cet abbé espagnol, qu'il avait eu tant de peine à découvrir.

Seulement, à la place de l'austère

confesseur qu'il s'était figuré, Anatole aperçut un beau jeune homme grand et bien fait, avec une de ces belles figures noires de sa patrie, un œil de feu, et toutes les apparences de la force et de la santé. Autour de lui tout annonçait l'indigence et l'incurie : une vieille table, sur laquelle étaient confondus pêle - mêle des livres, des cahiers, un gobelet d'ar gent, une bouteille de grès, des rabats sales, de la musique; tout son avoir d'homme et d'abbé, sur cette table; et vis-à-vis la table, un large et vaste fauteuil fait exprès pour être à l'aise; pour l'homme qui sait vivre, un commode fauteuil est le seul meuble dont il lui soit impossible de se passer.

Les parois de la cellule étaient en harmonie avec le reste du mobilier: elles étaient jaunes et délabrées; à une corde qui traversait l'appartement l'abbé avait suspendu avec soin son manteau d'abbé; c'était là toute sa garde-robe, une véritable garde-robe d'Espagnol fier et nu.

Quand la jeune fille entra, l'abbé était mollement assis dans son fauteuil entre la veille et le sommeil, et tout occupé à se chauffer aux rayons d'un soleil de mai, qui ne lui rappelaient que bien peu le beau soleil de sa patrie.

Il se leva. « Bonjour, ma Juana, dit-il à la jeune fille; que venez-vous faire ici, mon enfant? »

La jeune fille pouvait à peine répondre, tant elle était essoufflée; elle ôta d'abord sa mantille noire, son chapeau noir; ainsi faite elle était charmante; une robe blanche, des cheveux châtains, un œil noir, une peau veloutée, et pourtant une Espagnole.

« Je venais, père José, répondit-elle enfin, je venais vous demander votre absolution et vos prières, c'est demain la fête de Notre-Dame d'Atocha.

— Vous avez raison, Juana, vous avez raison, ma fille; je l'avais oublié dans ce malheureux pays. Ici, ma fille, c'est à peine si l'on fête trois à quatre saints dans l'année; à peine si l'on entend le son des

cloches et le chant de prêtres ;
c'est un malheureux pays, Juana.

O Juana, parlez-moi de Séville
pour les fêtes religieuses ! Partout
des églises pleines d'encens, des
cierges qui brûlent ; partout des
processions, des chasses saintes,
des fidèles qui prient et des cloî-
tres pieux où l'on nous servait de
fraîches limonades et des oranges
glacées dans des coupes d'or.

Parlez-moi des madones de Séville, placées à chaque rue sous un
cierge qui brûle ; archers, soldats,
muletiers, chacun se découvre en
passant devant la sainte image ;
la *prima donna* s'agenouille devant
elle avant de courir à son théâtre,

et la fille de joie lui abandonne le dixième de son butin.

Parlez-moi des *auto-da-fé*, Juana, des prêtres de notre sainte inquisition qui parcourent la ville en chantant et des hérétiques coiffés du *san-benito*, et du bûcher que l'on allume aux chants des cantiques; la reine et le roi sont là avec toute leur cour, et disent leur acte de foi en présence même du bûcher qui dévora le sang de Philippe II.

Mais pardon, ma fille, mes regrets m'emportent trop loin, me voilà prêt à vous entendre, Juana.

— Je viens me confesser à vous, mon père, répondit Juana en tremblant. »

A ce mot Anatole frémit; toute sa position lui revient en mémoire, son crime, ses douleurs, son repentir et l'absolution qu'il attendait; il prêta donc une oreille attentive à tout ce qui allait se passer.

De ce moment Fra-José prit un air plus grave; son regard devint moins vif et plus sévère, et sans se livrer davantage à son enthousiasme du moment, il ne fut plus occupé qu'à chercher dans son étroite cellule une place favorable pour écouter la confession de Juana.

Justement à l'encoignure de la fenêtre était posée une harpe, instrument favori de José, la confidente de ses chagrins. Toutes les

cordes de l'instrument étaient ten-
dues, blanches, bleues, rouges,
ne demandant qu'un souffle pour
être animées. On voyait que l'instrument avait une ame; la lumière
se jouait entre ses cordes muettes,
c'était le plus beau meuble de la
cellule de José.

L'abbé prit la main de la jeune
fille, il la conduisit à sa harpe,
plaça sous ses genoux la musique
de quelque boléro profane. « Ceci
nous servira de confessionnal, ma
fille, lui dit-il; il y a assez de jour
entre les cordes pour y laisser passer la sainte parole. A genoux, ma
fille, et priez Dieu. »

Ils se mirent à genoux tous les
deux; la harpe seule les séparait.

Ils prièrent un instant en silence, pénétrés tous les deux, Juana des secrets qu'elle allait révéler, Fra-José du terrible ministère qu'il allait accomplir.

CHAPITRE XLIV.

Prends garde, l'amour sortira
de la foi.

Pe.....s du roi de Bavière.

Il y eut un instant de silence solennel, pendant lequel Anatole fut sur le point de se dérober à la puissante tentation qui l'arrêtait à la même place, mais il n'en eut pas la force. Il allait savoir enfin ce que c'était que cette dernière consolation à laquelle il avait recours; il allait entendre les mystérieuses paroles qui font descendre le calme dans un cœur agité. Soyez bien tranquille, jolie pécheresse, Anatole vous écoute comme un confesseur; il vous écoute avec la curiosité d'un prêtre, avec la discrétion d'un prêtre; plus heureux que vous sans doute, il n'aura pas de crimes à entendre; on ne commet pas de crimes à seizé ans.

Ce calme, ce soleil éclatant, ce jeune prêtre dans l'attitude du recueillement, cette jeune fille qui penche la tête sur cette harpe dont les cordes émues dessinent comme autant de veines bleues sur son beau front, ce langage espagnol mélodieux comme une langue d'amour; ce murmure éolien de l'in-

strument agité par le souffle, digne
accompagnement des souffrances
d'un jeune cœur; voilà la scène:
qu'un autre la décrive s'il se peut.

Comme je le dis, la pécheresse
parlait à voix basse, à voix si basse
que le prêtre avait peine à l'entendre; mais elle était agenouillée tout
à l'angle de la voûte, la voûte in-
discrète répétait ces timides aveux
à l'angle opposé de la mansarde,
écho naïf de ces plaintes virginales.
Anatole était là pour les entendre,
ces plaintes précédées et suivies de
ce vague bruit de la harpe qu'on
eût pris pour une voix de l'air.

« Mon père, disait la jeune fille,
je suis mal à l'aise; mon père, je
n'ai plus de repos, je n'ai plus de

prières, je me sens accablée d'une langueur mortelle; je me meurs!

J'ai cherché bien souvent d'où me venait ce mal. J'ai fait bien des vœux à la madone; j'ai porté de saintes reliques suspendues à mon cou; je souffre toujours du même mal.

C'est un mal sans remède, mon père; quand je porte mes mains à ces saintes reliques, les reliques échappent à mes mains, je ne sens plus que mon cou nu, et je frissonne, je tremble comme si quelque cavalier m'avait touché la main.

J'ai perdu le goût de mes plaisirs les plus vifs; le jeu avec mes compagnes, le bain à l'heure de midi, les broderies pour de saintes chapelles, les fleurs et la lecture de nos *romaceros* lorsque la jalousie est abattue et ne laisse entrer qu'un demi-jour; priez pour moi, mon père, j'ai perdu tout cela!

Encore les jours se passent; mais les nuits sont bien longues: quand la nuit vient l'inquiétude me vient au cœur, la fièvre me prend, je me déshabille lentement, je regarde mes bras, et je trouve qu'ils sont beaux; je me penche vers mes pieds en souriant, l'œil fixé vers ma glace, je penche la tête sur mon sein et je le sens qui bat; il se soulève au bruit de mon cœur. Et je m'oublie ainsi des heures entières, et je me dis que je suis belle, et puis je rougis et je pleure, et je ne dors pas.

O mon père, ayez pitié de moi.

Et puis, quand je suis un peu calmée, je crois entendre du bruit et je prête l'oreille, et dans cette grande ville je n'entends que des bruits étranges : des chars, des chiens, des voix d'hommes en fureur; ici, ni le son des sérénades qui animent l'air, ni les chants des amans qui soupirent, ni le parfum des orangers; des nuits sans doux propos, des maisons sans duègnes, mon beau printemps sans amour. Et je pleure et je me désole et je me livre à mille colères; pardonnez-moi, mon père! »

Ainsi elle parlait. Il y avait du feu dans ce langage. Le frère l'écoutait avidement, dévorant ses paroles,

dévorant sa modeste figure; anéan-
ti, muet, il resta long-temps dans
cette inquiète contemplation.

A la fin il reprit d'une voix
émue :

— Et voilà tous vos péchés,
Juana?

— Tous mes péchés, mon père.

— Et vous avez résisté à toutes
ces peines? Vous n'avez jeté les
yeux sur aucun cavalier; vous n'a-
vez jamais soupiré en entendant
prononcer un nom de jeune homme
devant vous?

— Non, mon père.

— Et vous ne vous êtes pas dit
à vous-même qu'il était dur d'être
seule, de se promener seule au bras
de sa duègne, de n'avoir personne à

qui penser quand on est ainsi seule et qu'on attend le sommeil d'après-midi.

— Je n'y ai pas songé, mon père.

— Et quand vous êtes allée à des fêtes publiques, à ces concerts de tous les jours que le Parisien renferme dans des murs, comme si l'harmonie n'était pas la vie d'un peuple aussi bien que l'air, vous n'avez jamais regretté que votre voile fût baissé? vous n'avez jamais retiré votre gant pour faire admirer la blancheur de votre main, Juana, de cette jolie main que vous aimez tant?

Cette fois encore elle répondit: « Non mon père », mais d'une voix si

faible et d'un ton si bas que Fra-
José ne dut pas l'entendre; Anatole seul l'entendit.

Il y eut encore un long silence;
José voulut parler à Juana: il s'approcha plus près de la harpe, mais
la parole expira sur ses lèvres, il
n'eut que la force de se relever. « Partez, Juana, lui dit-il, partez, je
suis un trop grand pécheur pour
vous entendre; vos souffrances sont
les miennes, Juana; partez, dit-il,
partez ou je meurs, éloignez-vous,
c'est trop souffrir! »

La pauvre fille s'était relevée;
tremblante, les yeux baignés de
larmes, et elle se retirait.

Sans rien dire.

Mais José en eut pitié. «Attendez,

Juana, attendez encore; il est encore un moyen de venir à votre secours. » En même temps il cherchait sur sa table de quoi écrire une lettre; le désordre était grand sur cette table, sa main tremblait, il fut long-temps à trouver ce qu'il voulait.

Cependant Juana s'était assise vis-à-vis la harpe, et après quelques minutes d'émotion, elle chanta une chanson d'amour, une de ces vieilles chansons castillanes avec lesquelles elle avait été bercée; poésies brûlantes qui ne sont qu'un faible reflet de ce beau ciel, que le prêtre chante sur sa mule, que chante le brigand appuyé sur son fusil, que la none chante dans son couvent. Ce sont les *Mille et une nuits* de ce peuple qui risque si fort d'être Arabe, les stances de *la Jérusalem délivrée* pour ce peuple plus qu'Italien.

Juana chantait, et ce cri de passion calmait le frère José; et quand il eut achevé d'écrire :

« Juana, dit-il, nous allons nous séparer pour toujours; à jamais adieu, Juana, je suis prêtre et je ne dois pas l'oublier, adieu !

Prenez cette lettre, Juana, c'est le nom d'un homme qui vaut mieux que moi; un homme redoutable en vérité, dont le nom est suivi de tremblement chez tous les fidèles, un saint prêtre inexorable, cruel, qu'on ne trompe jamais, le plus grand confesseur de l'Église romaine, Juana; je vous adresse à lui.

Allez le voir, portez-lui cette lettre; peut-être en voyant que vous n'êtes qu'une jeune fille refusera-t-il de vous entendre; car ses momens sont précieux, et il se réserve de préférence pour les grands crimes de la terre; mais alors tombez à ses pieds, Juana, racontez-lui vos douleurs, dites-lui : « *Au nom de Dieu, mon père, écoutez-moi,* » et peut-être daignera-t-il prêter l'oreille à vos aveux. N'oubliez pas de le supplier au nom de Dieu, Juana.

A présent, ma fille, si je vous ai causé quelque scandale, me voilà quitte envers vous. A la place d'un pécheur vous aurez à parler à un saint; à la place de ce cœur fragile, de ces yeux qui pleurent, de ces bras qui sont prêts à se tendre vers vous et à vous absoudre, vous trouverez un cœur de fer, un regard auquel rien n'échappe, mais aussi des paroles sacrées et la remise de vos péchés, et la paix dans le ciel. Adieu, Juana, pour jamais.

A ces mots, le jeune prêtre se retira dans le fond de la cellule; Juana ramenait son voile sur sa tête: pour Anatole, il venait de se glisser sans bruit jusqu'au bas de l'échelle quand la porte s'ouvrit.

« Encore une parole, Juana, dit

José, une dernière parole et adieu.
Cette lettre que je vous remets, je
l'ai écrite malgré une promesse sacrée; je décèle une retraite inconnue à tout le monde, un homme
exposé aux proscriptions des partis,
un jésuite que la junte française
a condamné à l'exil et que la cour
de Rome a envoyé à Paris.

Ici le Mystère est un devoir
de chrétien et d'honnête homme,
Juana. Donnez-moi votre parole que
vous ne donnerez jamais cette
adresse à personne, fût-ce à votre
père à son lit de mort, fût-ce à
votre frère le capitaine au pied du
gibet, fût-ce à votre oncle Fernando
l'hérétique, au sommet du bûcher
fatal. Vous garderez ce nom et

cette adresse, vous me le pro-
mettez?

—Je vous le promets,» dit Juana,
entièrement remise de son trouble;
le trouble d'une femme dure si
peu.

Elle prit la lettre, cette lettre si
redoutable et si précieuse, elle la
mit dans son sein, à côté de ses
reliques ; toutes ses lettres, une
femme les met là.

Tout fut dit alors entre Juana et le
prêtre; Anatole était déjà dans la rue
quand la jeune Espagnole remonta
dans sa voiture où elle retrouva sa
vieille duègne:« Sainte Vierge Marie,
s'écria-t-elle, que vous êtes heureuse !
vous a-t-il bien bénic, Juana? »

CHAPITRE XLV.

Veux-tu bien t'arrêter morceau de bois stupide !
Légendes.

Pignus direptum lacertis.

Anatole revint le lendemain chez le prêtre espagnol ; il voulait demander là aussi à quelle porte il devait frapper pour trouver enfin un confesseur ; mais Fra-José était parti dès le matin : insouciant voyageur, il était retourné à ses églises de Séville ; peut-être était-ce pour fuir Juana.

Anatole fut attéré quand il perdit ce dernier espoir. A présent il n'y a plus qu'une femme qui puisse lui indiquer ce prêtre ; allez donc demander à une jeune fille l'adresse de son confesseur !

Allez donc vous exposer à son rire moqueur ! ou bien si elle prend votre prière au sérieux, comment affronter ses sermens et sa promesse jurée ? Il n'y a plus qu'un moyen : c'est d'épier la folâtre Juana, de se tenir là à ses côtés, d'être près d'elle son ange invisible.

Et si elle court dans la campagne, échevelée et l'œil en feu ; si elle se passionne, la gorge haletante et le corps penché, à quelque drame nouveau ;

Si le soir elle jette au loin ses légers vêtemens tout au hasard;

De ramasser alors le secret que son sein recèle; de lui dérober son confesseur comme si on lui dérobait un baiser d'amour!

« Quelle folie! pensait-il, et qu'il me faut de douleur pour être arrivé là! »

Vous qui êtes jeunes, vous savez comment une femme abandonne ce qu'on veut obtenir d'elle, et par quel art on parvient à subjuguer cette volonté capricieuse ; la tâche est pénible et fatigante; il faut se dépouiller de tout orgueil pour revêtir l'habit du courtisan. Allons, ventre à terre; soyez vil s'il le faut; mais à l'instant où vous y songerez

le moins, vous verrez un sourire
plus doux, vous sentirez une main
qui s'abandonne, vous serez le maître,
d'esclave que vous étiez hier.

On a écrit des traités à ce sujet;
on en a fait un art ; cet art a eu
ses Polybe et ses Follard : temps
heureux où l'on avait assez d'esprit
pour remplacer le cœur! Aujourd'hui
nous n'avons que tout juste assez
d'esprit pour n'avoir point de cœur,
et si bien que rien n'est facile à
faire comme l'enthousiasme et la
passion,

Il dut en coûter à Anatole pour
se remettre à la poursuite de ces
fugitives espérances que donne une
femme; pour redevenir jeune homme
et se mettre encore une fois à plaire;

jeune homme vif et beau, qui sou-
rit et qui pleure, et qui dit : Je
t'aime, avec une voix tremblante;
mais il sentit qu'il n'avait pas d'autre moyen d'atteindre son but.

Ah! l'amour, et ses craintes, et
ses espérances, et ses timides atta-
ques, et sa défense réservée, et
cette main blanche, et ce sourire,
et ces parfums qui s'exhalent comme
une ame, et ces chants mélancoli-
ques, et cet œil noir, feu et larmes,
et ces longues nuits, et ces nuits
si courtes, et ces vifs chagrins, et
ces soudaines bouderies, et ces in-
fidèles menaces! c'est être Dieu un
jour!

Il fut Dieu; Juana se laissa vain-
cre; elle céda, la malheureuse fille!

mais ce fut une vaine défaite : elle n'avait pas compris ce qu'on lui demandait.

Elle attendit long-temps ce bonheur qu'elle avait rêvé. Que tardes-tu, Anatole ? Juana succombe, elle est à toi !

Mais Anatole était déjà bien loin.

Et le soir quand la pauvre fille tout en larmes voulut chercher comme un espoir de consolation la lettre de Fra-José, qui la recommandait à ce prêtre mystérieux, elle ne la retrouva plus.

On peut juger de sa douleur, car c'était là tout ce qu'Anatole lui avait dérobé.

CHAPITRE XLVI.

Le sommeil, cette mort de
la vie de chaque jour.

Par hasard il dormait ce jour-là. Son sommeil était doux et calme, sa tête était rafraîchie, sa poitrine était doucement soulevée; il avait ainsi passé toute la nuit, et il était arrivé à ce frais matin que donne le repos, moitié sommeil et moitié veille, quand le sommeil s'enfuit lentement comme un ami qui viendra vous revoir et qu'on retient de

toute son ame. Il y avait bien
long - temps qu'il n'avait dormi
ainsi, bien long-temps qu'il n'a-
vait eu ce long réveil, bien long-
temps qu'il n'avait assisté à ce
joyeux sabbat du matin, quand
d'un œil à peine entr'ouvert on
voit danser dans un joyeux rayon
de soleil tous les meubles de sa
chambre, les uns avec la gravité
d'un menuet, les autres avec la
rapidité d'une ronde infernale.
Alors le large fauteuil s'avance donnant le bras à la chaise la plus voisine; les gravures descendent de la
muraille comme des nymphes en liberté; la pelle embrasse les pincettes, et soudain commence la valse
légère, pendant que les plus gros

meubles se remuent avec la dé-
cence de la matrone d'Horace, et
que l'armoire se dandine dans un
coin comme un écolier long et fluet
qui répète sa première leçon de danse.

Ainsi était Anatole; seulement il
avait peur d'être arraché trop tôt
à cette molle béatitude; il redou-
tait le hasard malheureux qui devait remettre tout en place, chai-
ses, fauteuils, pincettes, les tableaux
dans sa chambre, et le remords dans
son cœur.

Tout à coup une main robuste
tire les rideaux de son lit : les rideaux crient; le jour entre dans
l'alcove, tout a fui, et le malheureux reste sans sommeil, inondé
de lumière, éperdu.

Quand il put distinguer les objets, il aperçut à deux pas de son lit une pâle et austère figure, un regard vif et ferme. L'homme était de haute stature, sec et long, habillé de noir et patient à décourager un mort.

Il avait fermé la porte de la chambre, et il se tenait immobile auprès du jeune homme tout tremblant et qui appelait Georges de toute sa voix.

« Je vous servirai de valet de chambre, s'il vous plaît, lui dit l'inconnu, si vous devez vous lever à présent. »

En même temps, et comme subjugué par une force invincible, Anatole abandonnait ce lit si doux;

à la place de ses vêtemens du matin si commodes et si larges, il
mettait un costume sévère; malgré
lui et sans trop s'expliquer pourquoi, il se sentait dominé par ce
regard de plomb qui ne le quittait
pas un instant.

A la fin cependant il reprit ses
sens, il retrouva cette merveilleuse
facilité avec laquelle l'homme du
monde dissimule sa pensée; il se
rappela ces formules polies sous
lesquelles la peur se déguise si
bien.

« Faites-moi l'honneur de vous
asseoir, monsieur, dit-il à son
étrange visiteur, je n'osais pas vous
espérer sitôt ». En même temps il
approchait un siége d'un autre siége,

et il attendait que l'inconnu fût assis pour s'asseoir.

L'inconnu repoussa dédaigneusement un des siéges.

« Je ne viens pas, dit-il, pour vous faire une frivole visite. La vie est trop courte pour la perdre. Je viens, appelé par vous, entendre la confession que vous avez à faire : je suis prêt; il me semble que vous devez l'être autant que moi! »

Anatole insista. « Avant que je vous ouvre mon cœur, permettez, dit-il, que nous causions ensemble quelque peu; j'ai besoin de savoir quel homme vous êtes; je me confesserai plus tard.

— Causer avec vous, monsieur! et pourquoi faire, je vous prie?

Qu'ayez-vous besoin de savoir quel homme je suis, dites-moi? Je suis prêtre et confesseur; je suis là ayant droit de vous entendre, et mission pour vous condamner ou vous absoudre. Vous m'avez cherché dans une retraite que vous deviez respecter, vous m'avez appelé malgré de solennelles défenses; je suis venu ici prié par vous et poussé par mon devoir. Silence donc! laissez là toute pensée profane; ce langage d'homme à homme n'est plus fait pour moi : je suis un prêtre, et vous n'êtes qu'un homme; je suis venu ici pour vous interroger, et non pas pour vous répondre; ainsi je suis votre juge : confessez-vous, pécheur! »

Anatole avait eu le temps de se

remettre tout-à-fait de sa surprise;
le sommeil de la nuit passée lui
avait donné des forces inaccoutu-
mées. Puisque enfin il avait dormi
une fois, ne pourrait-il pas dormir
toujours ? Il résolut donc de remettre
à toute force cet aveu qui lui pesait.

Mais le vieillard n'était pas dis-
posé à céder. « Aussi vrai qu'il y
a un Dieu, lui dit-il, avant que
je sorte d'ici vous vous confesserez !

— Impossible aujourd'hui, mon
père; aujourd'hui je me trouve trop
heureux ; l'air entre facilement dans
ma poitrine, mon cœur bat doucement, ma tête est légère. Et pourquoi voulez-vous que je vous at-
triste, et que je m'afflige moi-même
d'un récit sans intérêt pour vous,

et qui n'en a presque plus pour moi ? » En même temps il passait sa main dans sa chevelure qui était belle encore et qu'il retrouva docile comme autrefois ; puis il regardait avec complaisance son visage rafraîchi par le sommeil.

Après un instant de silence : « Je suis prêt et j'attends, » dit l'inconnu.

Anatole eut un mouvement d'impatience.

« Pour moi, dit-il, je ne le suis pas encore ; je n'ai rien à vous dire aujourd'hui ; aujourd'hui j'ai tout oublié, aujourd'hui je suis un homme, je suis libre et j'ai une volonté, je ne veux pas.

— J'aurais cru pourtant, reprit le vieillard, qu'il y avait sur ce jeune

front des traces ineffaçables, une
pâleur sans remède sur ces joues,
un ver immortel dans ce cœur; vous
êtes bien fier aujourd'hui, jeune
homme!

— Que lisez-vous donc sur mon
front, monsieur? répliqua Anatole;
quelles peines, quels chagrins secrets,
quelles douleurs?

— Oh! moins que cela. Je lis sur
votre front peu de chose, presque
rien : un moment d'erreur, une
saillie innocente, une épigramme
lancée au hasard, un meurtre; quoi
de plus innocent? »

Anatole frémit. Un secret qui n'é-
tait qu'à lui seul, découvert!

« Qu'est-ce donc que cela pour vous,
jeune homme? Une femme de moins,

votre colère satisfaite, peut-être un emportement d'amour. Renvoyez donc le misérable prêtre qui vient vous inquiéter pour si peu, importun mendiant de vos secrets; un homme sans pouvoir et sans crédit, et dont la tristesse est si pénible. Qu'avez-vous besoin de confesseur en effet? c'est la joie qu'il vous faut, ce sont les vifs plaisirs, les filles à séduire, les fureurs de l'ambition, et les fêtes enivrantes où l'on oublie le passé et l'avenir. »

Anatole était confondu.

« Allons donc, homme libre, qu'avez-vous fait de votre volonté? Appelez vos gens, ordonnez-leur de me jeter à votre porte. Je suis un imposteur. Pauvre fille! je n'ai pas vu son col, le soir si frêle et si blanc, et le matin meurtri et tout noir! je n'ai pas vu ses lèvres brûlées par une bouche homicide! je n'ai pas compris ces horribles convulsions, quand elle vous livra son dernier souffle, son ame! je n'ai pas vu, en l'ensevelissant, ces membres raides et tordus, son œil jeté hors de son orbite tout sanglant! Oh! oh! mon jeune époux, vous avez des baisers qui donnent la mort, et vous l'oubliez si vite! vous tuez, et quand vient un prêtre chez vous, vous relevez vos cheveux, vous découvrez votre front d'homicide, et vous dites insolemment : Que lis-tu sur mon front? Croyez-vous qu'il

en soit ainsi toujours ? sur votre
ame le croyez - vous ?

— Malheur à moi, malheur ! disait Anatole.

— Et à présent quand vous refusez
Dieu pour juge, quand vous reniez
cette justice suprême qui vient à
vous, pensez-vous que la justice
humaine soit satisfaite ? Pensez-vous
que je puisse moi, prêtre que vous
refusez, être toujours le témoin
muet de votre crime? La loi divine
ou la loi humaine vous réclament;
il faut que l'une ou l'autre soit satisfaite. Puisque vous m'avez choisi
pour le ministre de ces vengeances,
je suis juge ou témoin, choi-
sissez ! »

Anatole courba la tête.

Le prêtre qui était assis se leva et portant son doigt sur son front.

« Me reconnais-tu donc enfin, meurtrier, s'écria-t-il ! »

Anatole baissa les yeux.

« Je vous disais bien que vous vous confesseriez ! » reprit le confesseur d'un ton plus calme.

Anatole voulut s'asseoir.

« A genoux dit le vieillard ! » Anatole se mit à genoux les mains jointes.

« Dites votre *confiteor*, mon fils. »

Il prononça son *confiteor*, ou plutôt il le répéta mot à mot à mesure que le prêtre le prononçait, car il l'avait oublié depuis longtemps.

Il s'arrêta au *meâ culpâ*, et il frappa sa poitrine trois fois.

La confession fut longue et pénible. Elle se fit à voix basse et entrecoupée. Anatole était prosterné; sa poitrine rendait de sourds gémissemens, son front se couvrait de sueur; il faisait d'atroces efforts de mémoire, car il avait été obligé de raconter toute sa vie, de faire l'histoire complète non - seulement de ses fautes, mais encore de ses opinions; et pendant tout ce long récit il avait dû lutter avec l'inflexible logique du prêtre, avec son inexorable science. Rien de sa vie n'avait échappé à ce regard de feu, et si bien que quand il vint à dire son crime et la mort de sa femme, ce ne fut qu'une faute de plus dans sa vie, un péché presque vulgaire, tant il venait de se voir criminel!

C'est qu'à la fin il avait trouvé un confesseur; un homme assez fort pour dominer tout son être; ame, intelligence, esprit, cœur, tout était soumis à cet homme; et quand le prêtre se fut relevé, Anatole était encore à la même place à genoux, les mains jointes, l'œil sec et hagard, foudroyé.

———

Les parens d'Anatole furent obli-
gés de l'enfermer six mois dans une
maison de fous.

Aujourd'hui il se porte beaucoup
mieux.

Même ses plus intimes amis auraient peine à le reconnaître, calme,
posé, gai sans sourire, heureux sans
éclats, le visage rose, la main blanche, la jambe un peu déformée
par l'embonpoint, la tête à moitié
rasée, et sur son visage arrondi je
ne sais quelle niaise innocence qui
lui sied à ravir.

Il prie, il chante, il dort, il se laisse aller à un bien-être qui n'est pas de la terre, et quand il descend de voiture il s'abandonne à ses laquais avec la molle langueur d'une femme qui relève de couches.

C'est un homme heureux, un homme en paix avec lui et les autres, qui s'est trouvé assez égoïste pour faire l'aumône sur son chemin.

Surtout il n'a plus de remords que lorsqu'il manque par fois aux lois de Vigiles et des Quatre-Temps.

Il est prêtre.

FIN.